过程咨询 II

顾问与管理者的必修课

沙因 作品
Edgar H. Schein

[美] 埃德加·沙因 著　葛嘉 吴景辉 译

PROCESS CONSULTATION
Lessons for Managers and Consultants

中国人民大学出版社
·北京·

前言

1969年，当我愤然而非欣然提笔撰写《过程咨询》的第一部时，我试图围绕咨询和协助澄清一大堆含糊不清的概念，并提出了自己的观点。在过去的15年中，我利用各种机会来验证我所提出的理论和观点，发现大部分都经得起推敲和考验。同时，我也发现原书中的一些观点需要进一步细化澄清，还有一些观点需要进行修正。

新作的目的有三：在丰富原作内容的基础上重申过程咨询理论在人力系统中的可行性，进一步澄清过程咨询概念，并对一些修正内容和新理念进行说明。

我原本只是想修订原作，但实际动笔之后才发现，我所要讲述的大部分内容开辟了一个新的受众视角——我的原作是一本咨询顾问的入门级读物，而新作则为资深顾问提供了新方法，为高效的管理者指明了方向。我尽量压缩原作和新作的重复内容，以对首次阅读这两本书的读者更加有效。

谁能从本书中获益

当我于 1969 年首次撰写《过程咨询》一书时，我所期望的读者包括学者——诸如我的同事，还包括专业咨询顾问。我希望告诉他们作为一名社会心理学家在与组织客户合作时可以做和应该做的事情。然而，我惊讶地发现很多负责业务的直线经理对这本书非常感兴趣，尤其是对组织中的人际互动章节。

因此，我将本书指定为中层管理者的必读书。管理者反馈说这本书对帮助他们提升对管理的理解很有效。直线经理在面对上级、同事、下属时会履行类似于过程咨询顾问的职能。事实上，管理者最不可或缺的能力就是在不动用正式权力的前提下依然能够掌控全局。因此，新作在写作时考虑了更广泛的受众。我相信，管理者通过了解过程咨询的理念并掌握过程咨询的相应技能会让工作更有成效。

致　谢

多年以来，理查德·贝克哈德（Richard Beckhard）在过程咨询理论方面持续给了我很大的启发和帮助。我在麻省理工学院的工作经历让我习得了如何与他人及团队协作交往。我的导师，国家培训实验室的创始人之一，道格·麦格雷戈（Doug McGregor）提出了很多开创性想法，贝克哈德则将其付诸实践。在此，我同样要感谢迪克·贝克哈德（Dick Beckhard），我有幸与他一起共事，他帮我审阅了本书的初稿并提供了很多建议。

关于本书，我还要特别致谢以下三个人。我的学生兼同事吉迪恩·昆达（Gideon Kunda），他详细审阅了全部文稿并帮我梳理和校正了其中全部的理论缺陷和存疑问题。吉迪恩是一位才华出众的咨询顾问，他的反馈和建议往往简洁有效、一语中的。我多年的同事，约翰·范马南（John Van Maanen），也在仔细研读文稿之后，从他所擅长的人类学角度对如何更好地说明观点和撰写文字提出了很多中肯建议。与吉迪恩和约翰的辩论促使我反复推敲观点，思考更加缜密。第三位给我巨大帮助的是史蒂夫·詹克斯（Steve Jenks），他对书稿进行了审校，并从出版角度给出了很多有益意见。他们提供的意见都非常有价值，但我有时希望坚持自己的风格，更多地表达自己的观点，因此并没有完全采纳他们的意见，这也是我唯一感到遗憾的地方。他们让本书的内容更加充实，如果有瑕疵，完全是我自己的原因。

我所服务的客户公司是我学习的源泉。尽管在本书的案例中，我隐去了客户公司的真实信息，但我想借此机会对这些与我广泛合作的公司表达谢意。在与这些客户公司的合作中，我更好地了解了组织中的生活，也学到了如何更好地为客户公司提供帮助。这些客户公司包括亚诺德半导体技术有限公司、英国石油公司、欧洲伊索化学公司、埃克森美孚、美国数字设备公司、美国通用食品公司、英国帝国化工有限公司、宝丽来、壳牌石油、美国格雷斯公司、汽巴精化、宝洁、美国国税局、加拿大铝业、美国铝业、诺斯罗普公司、摩托罗拉、通用电气、斯坦伯格公司、惠普、卡尔森，以及其他给过我咨询机会的公司（以上排名不分先后）。我非常感谢它们的信任。

  我也感谢这些年来参与过程咨询工作坊的诸位学生，他们的提问和探索加深了我对过程咨询的理解。

  最后，我同样要感谢我的妻子，她一如既往地支持我，还帮我处理各种文书工作，我非常感谢她。

埃德加·沙因

目录

第一部分　简介与概述

第一章　作为"协助者"的管理者与咨询顾问 / 004

共同之处：协助导向 / 005

过程咨询：有效协助的关键 / 008

结语 / 018

第二章　过程咨询的概念 / 020

协助方式的选择 / 020

三种咨询模型 / 024

定义过程咨询 / 039

成为过程咨询顾问式的管理者 / 039

结语 / 043

第三章　过程的概念 / 045

聚焦过程 / 046

干预的基础：确定首要任务 / 056

结语 / 069

第二部分　人际过程的简化模型

第四章　剖析内在心理过程：ORJI 模型　/　073

观察（O）/ 074

反应（R）/ 075

判断（J）/ 076

干预（I）/ 079

更具象化的 ORJI 循环　/　081

避免 ORJI 循环中的陷阱　/　082

结语　/　089

第五章　人际关系中的文化规则　/　091

沟通中的对等原则　/　093

人生如戏　/　096

人之神性：脸面　/　098

结语　/　106

第六章　开启和管理变革　/　108

变革阶段一：解冻　/　110

变革阶段二：重构认知，实施变革　/　123

变革阶段三：重新冻结　/　129

结语　/　132

第三部分　过程咨询策略与战术

第七章　"客户"的概念 / 137

联系客户 / 139

中间客户 / 144

主要客户 / 146

最终客户 / 146

结语 / 152

第八章　有效干预策略 / 153

初步干预策略 / 154

结语：策略与客户管理的复杂性 / 171

第九章　干预战术与干预风格 / 173

制定战术目标 / 173

干预语言风格的选择 / 188

结语 / 190

第十章　干预的分类方式 / 191

一对一干预方式 / 194

群体干预方式 / 200

结语：引导式干预理念 / 213

第十一章　过程咨询面临的新课题　/　215

咨询协议与咨询费用　/　216
顾问：组织的"催化剂"　/　226
顾问的道德困境　/　230
结语　/　245

01
第一部分

简介与概述

本书探讨的是管理者和咨询顾问共同面临的问题：如何在各自的情境中有效地促进人们朝着既定目标前进。他们往往会采用广义上被称为"协助"（helping）的方式来改善组织。换句话说，并非所有的干预都是可取的，只有那些有助于实现预期目标的干预措施才值得采纳。

咨询顾问常常将自己定义成"协助者"，但管理者很少这样定位自己，因为他们拥有正式职权，并承担着与顾问截然不同的责任。管理者认为自己应该是结果导向的，因此很容易陷入谬误——只要能够达成目标，任何干预手段都是可行的。

然而，我们通过观察卓有成效的管理者就可以发现，他们所采用的方式与咨询顾问所倡导的"协助干预"非常相似。因此，我认为高效的管理者能够并且也应该以类似于咨询顾问的方式来开展工作，他们可以习得如何像咨询顾问一样，通过有效干预来达成既定目标。

我们并不清楚管理者是否意识到了"协助"才是他们最主要的工作职责，即使他们意识到了，林林总总的干预模型也很容易使他们混淆。因此，在本书的第一部分，我将介绍几种基于不同专业知识的协助模型，我会详细介绍模型的隐含假设，也会说明该模型的应用场景。

第一章会详细描述管理者与咨询顾问有效干预的相似性，以及两者应该如何相互借鉴。尤其是管理者能够通过模仿高效咨询顾问的行为而让自身的工作更有效。

在第二章，我会带领大家一起审视一系列咨询模型，揭示过程咨询模型不仅是咨询顾问最佳的干预方式，也有可能成为管理者最有效的管理方式。

过程咨询模型的关键在于管理"过程"，因此第三章详细阐述了"过程咨询"这个概念，并通过对比的方式说明如何更好地将干预措施聚焦在正确的过程问题上。

第二部分研究了若干个重要的人际关系过程的简化模型，这些模型对于评价干预是否有效至关重要。我详细分析了个体内在心理活动、特定文化背景下的人际互动以及变革中的人力系统演化情况。这部分理论单独成篇，读者可以提前或延后单独阅读，并不会影响对其他章节的阅读。

第三部分详细介绍了干预的策略——咨询顾问和管理者达成过程咨询成果的所言所行。我还列举了干预的各种类型并展示了咨询过程中的常见困境。该部分内容非常聚焦，读者也可以选择首先阅读这一章节。

受限于图书的线性呈现方式，我们只能按照顺序依次介绍本书的概念。但需要认识到的是，事物是相互影响的，而干预也不是"一锤子买卖"。我们需要通过学习理论和概念来指导行动，而随着我们将所学应用于实践，又能让理论和概念得以丰富和升华。我们能够从特定行为中总结出一般规律，同时也会用这些规律来对照各种特定行为，以检验规律是否适用。因此，读者可以根据自己的需求，自行决定阅读顺序，不用受到章节顺序的限制。

第一章

作为"协助者"的管理者与咨询顾问

从表面来看,管理和咨询似乎是截然不同的两个职业。管理者对确定的组织成果负有正式责任。管理者有上级和下属,他们拥有组织给予的职权并可以调动相应的资源。管理者应该致力于组织的使命,他们既是"局内人",也是组织的组成部分。从某种意义上说,当面临组织中的困难情境和艰难抉择时,他们无法逃避,也不能将责任推卸给他人。

而咨询顾问通常被视为"局外人",即使是在某家公司全职工作的"内部顾问",对于他们所服务的某个特定部门而言,他们依然被视为"局外人"。咨询顾问可以通过与客户协商来确定自身的责任范围,咨询顾问的工作参照基准是协议。咨询顾问是某些领域的专家，也因为独立的专家身份而享有一些权力。咨询顾问没有面对困境的义务，除非有特殊约定，否则他们完全可以一走了之而无须自责。用于要求管理者的"忠诚""荣誉"并不适用于他们。

既然如此，是否存在同样适用于管理者和咨询顾问的通用技能呢？为了解答这个问题，我们需要透过表象深入探索。上级、同事和下属眼中的高效管理者和高效顾问存在以下共同之处：当他们与试图影响的人建立联系时，都倾向于尝试提供帮助。尽管两者有着不同的权力与影响力来源，但高效的管理者和咨询顾问都不约而同地将自己定位为"协助者"。

共同之处：协助导向

众所周知，对于大多数咨询顾问而言，提供帮助就是这个职业的核心。但鲜为人知的是，高效的管理者会以同样的视角来定位自己。他们努力通过协助他人，包括上级、下属、同事、客户、供应商以及与之有所交互的其他人，来实现自己的目标。

需要注意的是，我所强调的是高效的管理者，即那些在完成工作的同时还建立了人脉圈子，从而使工作得以持续、有效完成的管理者。对于那些从未将自己视为"协助者"的管理者,我们对他们的行径耳熟能详,他们滥用职权,身为"外行"但对"内行"指手画脚,咄咄逼人,抢夺资源,独裁地制定和发布决策,令下属对个人职责混淆不清。此外,他们将下属视为可剥削资源而非培养对象,为达目的不择手段,甚至会危害组织的利益。

与之相对,高效管理者无论是对自身的角色认知,还是对人际关系的构建方式都截然不同。他们会为上级、同事、下属提供所需要的帮助,协助他们完成工作,实现既定的目标。

我可以列举一些例子。大多数管理者都熟知"委任"(delegation)这个概念。管理者无法独自承担组织的目标任务,因此一旦确定任务目标,不管是与下属协商还是强制分配,他都需要领导下属完成目标。管理者必须想方设法让下属发挥所长,而他必须尽其所能地帮助下属。

大多数管理者都承担着培养下属的责任,只有培养出合格的接班人,他们才能获得晋升。而如同教师和教练,如果不能给学员提供机会进行尝试和练习,并且想尽办法提升学员的表现,就无法真正地培养和训练出人才。对于此类发展性任务,我们常常使用"指导"(coaching)和"辅导"(mentoring)等术语来描述。

大多数从事销售的管理者都认为最好将销售关系理解成销售

人员/管理者帮助客户解决问题的过程。如果只是打着帮助的幌子简单兜售产品，客户迟早会识破这一点并产生抵触情绪。优秀的销售人员必须踏踏实实地帮助客户解决问题，训练自己像客户一样思考问题。今天，越来越多的人意识到了客户至上才是组织成功的关键。

大多数管理者需要组建团队和组织会议。假以时日，他们就会发现，如果想要建立一个高效的团队，他们首先必须作为团队的领导者帮助团队成员解决加入团队之后的种种情绪问题，只有这样才有可能让团队聚焦到工作任务上，最终带领团队完成这项任务。如果团队需要保持高效，管理者的职责就是持续帮助团队解决情感和任务方面的问题。

对总经理而言，他管理所有的组织部门，所有业务职能都在他的职责范围之内。在各个业务和职能部门中，有很多下属在专业方面更加擅长，总经理的工作就是协调和整合，调动下属的专业知识从而制定正确的决策，而这就意味着协助技能对于总经理而言至关重要。这样的决策过程在团队内时有发生，在多人参与的研讨工作坊中也屡见不鲜。管理者一旦学会了关注和管理整个过程，就可以替代顾问，自主有效地扮演顾问在管理中的协助者角色。

最后，如果高层领导致电管理者寻求帮助，管理者需要知道如何以协助者的方式应对组织中的上级。换句话说，管理者将大部分时间和精力都用于帮助他人。因此要成为高效的管理者，必须掌握咨询顾问的技能，也就是如何有效地提供协助。

过程咨询：有效协助的关键

在本书中，我将介绍几种协助模型，包括专家模型、医患关系模型和过程咨询（PC）模型。我们随时都会遇到寻求帮助的对象，我们需要快速判断，应该选取哪种协助模型，扮演什么样的协助角色。我认为，无论是管理者还是咨询顾问，提供有效协助的关键就是具备过程咨询的能力，不要轻易被专家模型和医患关系模型所诱惑。

过程咨询的核心是助人自助，而不是给他人专家建议或直接代替他人解决问题。倡导过程咨询的理念既有理论支持也符合实践操作。在实践中，我们都有过"专家建议"被拒绝、误解或受到阻挠的经历。从理论角度，过程咨询模型更具备发展性。如果被协助者仅仅接受专家建议，他可能仅能解决眼前的问题，却没有习得如何解决这类问题的技能，当再次出现同类问题时，依然一筹莫展。

与过去相比，在当今纷繁多变的世界中，掌握有效的过程咨询方法可能更为重要。在科技突飞猛进的时代，无论是管理者还是咨询顾问都不可能事无巨细地下达每一个指令。即使是在医学领域，医生和患者的关系也越来越复杂，他们越来越倾向于帮助患者做出有益的决定，而不是简单地提供医疗疗程。这一点似乎是个悖论，有人会就此反驳说，正是因为世界越来越复杂，我们不了解事物的运作，所以才越发需要专家来告诉我们应该如何做。问题在于，因为我们缺乏认知，当专家告诉我们应该如何做时，我们往往可能会因为不相信从而导致不敢尝试，或是因为误解建议导致做错了。对专家而言，难点在于仅仅掌握专业知识并不能保证能够影响他人。

因此，一种更为现实的管理和咨询方式是将管理过程视为达成既定结果的促进式干预手段。本书要讨论的概念、策略和技巧既适用于咨询顾问，也适用于管理者。这些案例提炼自管理者和咨询顾问的日常工作，管理者在阅读之初可能会发现本书的观点与传统观念有所不同，但随着他们对管理者角色思考的逐步深入，就能越来越多地发现管理者与顾问之间的共同点。与此同时，如果他们能够掌握咨询顾问（尤其是过程咨询顾问）所运用的理念、概念和技能，他们就可以提升工作效率。

我在一些组织中的工作经历很好地论证了上述要点。为了能够客观地分析案例材料，同时保护客户隐私，我对案例材料进行了整合并根据需要隐去了客户的真实信息。然而我仍然希望通过这些案例来客观反映实际情况，因此在各个案例中，我会准确描述个体行为，并根据需要提供部分相关背景信息。

案例：艾伦金融服务公司

艾伦金融服务公司（The Allen Financial Service Company）这个案例阐述了我与客户合作中的共同要素以及客户与其组织的关系，说明了管理者经常遇到和咨询顾问类似的问题，他们可以通过对下属实施一些过程咨询从而更好地实现其目标。我所指的"客户"是一个复杂概念（详见第七章），我目前所使用的"主要客户"指的是向我寻求帮助并为此付费的人。

我的主要客户弗雷德·罗尔斯顿（Fred Ralston）是一家大型跨国金融服务机构的国际运营和数据处理事业部的负责人。我初次与他结识是在一个高管发展项目，我留意到他对如何改善组织非常感兴趣。在他接任该部门大约一年之后，他打电话给我，希望我和麻省理工学院斯隆管理学院的教员担任咨询顾问。他希望能将一些有趣的想法引入组织，外部顾问可以帮助他实施这些计划。我的第一反应是我每个月只能抽出一天时间，而他表示一天就已经足够了，因此我同意与他进行一次探索性会议。

我和罗尔斯顿进行了会晤，还阅读了他的人事经理鲍勃·瑞安（Bob Ryan）撰写的一份详细的解释邮件。我了解到在罗尔斯顿接手之前，这个事业部经历了好几年的"艰难时期"——引进了新技术、削减了成本、更换了许多员工。罗尔斯顿的前任非常注重员工发展，但成本上升明显。罗尔斯顿认为他的首要任务是引入更有效的整体管理流程，该流程应该侧重：（1）成本控制；（2）持续采用最先进的技术以保证组织的效率；（3）营造积极参与团队合作的氛围，以确保员工的积极性、投入度、生产效率和高品质；（4）实施战略规划以应对不确定的未来；（5）宣传营销导向，拓展业务以获得更多利润。

罗尔斯顿非常赞同过程咨询的理念，坚信应该发展团队。他对部门运作和打造一支有效的管理团队有自己的想法，我愿意帮他将这些想法付诸实践。我表示，我准备和他在邻近城市他的办公室里谈一谈，因此我们电话约定在他办公室举行为期一天的初次会议，自然推进整个过程。同时我也告知他我的收费方式（按小时/天来计费）。

通过第一次会议，我了解了罗尔斯顿的管理风格，也意识到了这种管理风格对我们彼此合作、对他所在的组织进行管理的影响。会议持续了将近一整天，罗尔斯顿向我说明了他的各种计划和构想，包括提高生产力、大幅压缩成本、让该部门能够提供有效的低成本服务以更好地支撑公司销售和市场部门的工作。他希望能够重新设计服务文员的工作——让他们与客户有更直接的接触，提供更全面而非更专业化的服务，坚持市场导向，在为客户提供服务时寻找提供额外服务的机会。

罗尔斯顿制定了一个战略规划议程，并专门聘请了一位顾问为部门管理者及团队举行研讨会。他建立了一项沟通机制，其中包括定期举行高层管理人员与基层员工的例会。他还聘请一家咨询公司就岗位工作再设计展开调研。他还制定了一项生产力促进计划，要求每个管理者每月提出至少10项生产力提升创意。

这些新计划的落地有赖于一系列成本削减目标的达成，包括在未来的几年中，每年都削减一定数量的管理者和员工。通过与老板沟通以及凭借在艾伦金融服务公司的多年工作经验，罗尔斯顿明白他想要在公司获得长期成功，就必须在控制成本的前提下，提高工作效率和工作质量，扩大业务范围。他为自己的部门设置了高出公司平均水平的目标并获得了老板的批准。罗尔斯顿告诉我，老板对他第一年的成绩很满意，他对罗尔斯顿充分授权，并不关心罗尔斯顿如何实现目标，只是鼓励罗尔斯顿要做得更好。

为了确保达成成本目标，罗尔斯顿使用了一系列定量指标来监控日常和每周的数据，如果出现问题，如成本超支或各项指标偏离预期，罗尔斯顿就会毫不迟疑地斥责承担相关职责的管理者。我在后期与该事业部的其他管理者的访谈中获悉，令直接下属难以接受的并不是抛出引人注意的问题数据这一事实，而是他那指责的口吻。他们已经认可了将成本控制作为事业部的目标，也在竭尽全力地实现这个目标。

我还了解到，罗尔斯顿的直接下属、基层主管以及员工都为他们所取得的成就而感到自豪。他们紧紧追随罗尔斯顿，因为他不仅魅力超凡，而且卓有成效。公司高层也为这个事业部所取得的成就而骄傲，这一点人人皆知。

问题所在。从罗尔斯顿所陈述的内容来看，他希望确保他的计划在正确的轨道上运作，同时他希望能够及时获取任务执行的情况以监控过程。但我发现，他可能启动了太多的计划，而且没有规划优先级，因此团队很难应对如此多的计划，而当团队承担过多压力时，他们会感到劳累过度、紧张不安和愤愤不满。

通过罗尔斯顿的描述，我明显地发现他试图同时推进太多事情，却没有看到他所发起的各项活动之间的内在联系。他每发起一个新项目，就会外聘一位顾问或将其交给事业部内的某个人来负责，在参加过一两次特别会议之后，他就不得不转而处理其他事务。他似乎并没有意识到，对于下属而言，他所推动的每一个项目都属于"额外"的工作，他却简单地把这些工作看作是要监督的工作而已。我猜想，当他的下属同时面对生产效率提升、工作再设计、战略规划和沟通机制等一系列成本控制项目时，想必已经乱作一团。

我的过程干预。在会议的前几个小时中，我主要是倾听罗尔斯顿的讲述。我在图表上记录他告诉我的每一项活动，便于后期分析。我认为通过系统梳理，可以区分出每一项活动的优先级，这对帮助罗尔斯顿全面地认知各项活动会起到很大帮助。与此同时，这样的方式也为我提供了很好的机会，使我能够对罗尔斯顿所面对的巨大工作量有直观的认知。

午餐时，罗尔斯顿给我引荐了人事经理鲍勃·瑞安，他此前通过邮件给我发送了资料，介绍了该组织的性质、章程和组织架构，他还向我说明了咨询项目的主要目的——"帮助罗尔斯顿实施他所推动的各个项目"。我还遇到了罗尔斯顿的私人助理琼·史密斯（Joan Smith），她的主要工作是协助安排罗尔斯顿的日程和项目活动。午饭之后，我与他俩分别沟通了半个小时，而罗尔斯顿参加了一个会议并打了好几通电话。我注意到他确实非常忙，似乎已经超负荷运转。

其他视角的观点。在与人事经理鲍勃·瑞安和私人助理琼·史密斯沟通后，我获悉该事业部的人确实因为面对太多的项目而感到不知所措，各个部门经理几近崩溃，完全无暇顾及生产效率提升和工作再设计调查等重点工作。更重要的是，他们对于罗尔斯顿想达成的目标并不清晰，他们认为自己日常在控制各项指标方面已经取得了巨大的成功，在事业部成本控制方面也表现出色，但罗尔斯顿却并没有给他们足够的信任和鼓励。他们认为罗尔斯顿推动了越来越多的项目，而他们别无选择，只能搁置或忽略其中一些，尽管他们都非常清楚，如果被罗尔斯顿发现的话他会大发雷霆或进行惩罚。

团队中的其他成员对罗尔斯顿似乎抱有一种矛盾情绪，一方面，拥有一位强有力的领导者让部门工作卓有成效，这一点令他们振奋；然而另一方面，罗尔斯顿对他们提出过多的任务，不加解释，不区分优先级，虽然目前还没有人公开提出质疑，但对他们来说确确实实是很大的负担。鲍勃和琼都曾经将这些情况反馈给罗尔斯顿，但他并不在意，继续置之不理。他们很高兴罗尔斯顿向我求助，他们认为局外人可以提供帮助从而缓解这种紧张局面。当然，在我没有获得其他信息的佐证之前，我会将这些反馈作为尚未确认的不同视角的观点。

我的进一步干预。当天傍晚，我再次与罗尔斯顿碰面，进行了两个小时的沟通。我询问了他各个项目的内在关联，以及这些项目对下属可能产生的影响。我的目的是帮他厘清各个项目的轻重缓急，同时考察他对自身管理风格的洞察。从他的答案中，我看到的是他对各个项目的巨大热情，老板对他的鼎力支持以及他能够带给员工的信念。显然，他将自己视为一位成功的领袖，希望将自己的愿景传递给全事业部，并将本事业部建设成业界标杆。

与此同时，他似乎希望确认自己没有偏离轨道，而且非常愿意与我讨论如何更好地实现自己的目标。他还承认自己确实有些超负荷，而我则迅速将此设定为咨询项目的主要目标。在我看来，罗尔斯顿的疲惫和压力正是促使其变革的最佳动力。

后续措施。在会面结束时，我们达成了共识。我的建议如下：下一步的重点工作就是为所有已经启动的项目搭建一个整体框架，以便罗尔斯顿能够更加清晰、系统地阐述自己的愿景。我在将我的目标设定为进一步了解部门情况的同时，还要帮助罗尔斯顿解决工作超负荷和有效管控的问题。我不能盲目认为鲍勃和琼告诉我的（各部门已经超负荷运转，几近崩溃）就是正确的，因为罗尔斯顿认为团队可以承担更多，通过正确的方式就可以做到。

我们约定一个月后进行第二次沟通，届时我们会将所有项目放到一个整体框架中进行审视，进而设定好优先顺序。因为罗尔斯顿事务繁忙，而我每月也只能留出一天的咨询时间，所以我们这样安排。在后续的章节中，我会继续探讨该案例。

些许收获。通过和罗尔斯顿的首次会面，我收获了很多教训、洞见和问题。作为咨询顾问，我了解了他希望与我建立合作关系。他希望确保自己始终走在正确的轨道上，通过调整想法和寻求帮助，将自己的目标形成完整的计划；因为意识到他的下属忽视或阻碍了他的计划，所以他希望就如何成为一名更高效的经理人聘请私人顾问。而他将我视为管理专家，要求我直截了当地向他提供建议。每当我给出建议时，他都极其认真地记录在会议专用的笔记本上。

罗尔斯顿的要求也让我有些不安，因为我仍对有些情况不太明晰，很显然罗尔斯顿和下属之间有一些冲突，而到目前为止，罗尔斯顿并没有意识到这些冲突可能与他的管理风格有关。因此，我应该了解该事业部更多的实际情况；帮助罗尔斯顿认识到他如果始终以领导者、愿景家和专家的角色出现，可能会影响目标的达成；协助他完成一些项目的方案设计，例如工作再设计等，以确保实现目标。

罗尔斯顿制定了全面的计划，但他的实施方式显然无法达到预期结果。而关于他所推行的项目，包括严格的成本控制计划、新的战略规划、参与式沟通计划、生产力提高计划、针对工作再设计的员工调研等，是否有足够的过程管控能力来确保各个项目的推进，这一点尚无定论。

这个案例证实了管理者和咨询顾问所面临的类似问题，同时很好地揭示了过程导向对于解决问题的必要性。罗尔斯顿有着正确的目标，还拥有高层管理人员的信任、基层管理者的支持，在拓展业务和控制成本方面也取得了巨大的成绩，但仍然有很多事情没有步入正轨。罗尔斯顿担心如果他稍有放松，各项指标就会立即失控。而实际上这也并非仅仅是担心，就在此前几个月他出了趟差，返回公司后他就不得不成为"黑脸先生"来控制局面。

听起来罗尔斯顿像是一个家长，他深爱着自己的孩子，但不得不教会他们如何正确做事。有时他也很缺乏安全感，需要他人的帮助来确认自己并没有偏离轨道。人事经理鲍勃·瑞安和私人助理琼·史密斯也曾暗示下属完全有能力达到罗尔斯顿的要求，但他们因为超负荷运转而疲惫不堪。因此一旦罗尔斯顿出差或休假，大家就会借机松一口气，于是指标就有所下滑。我问罗尔斯顿他的下属是否有可能已经超负荷运转，罗尔斯顿耸耸肩表示这只是借口。他所见过的训练有素的团队完全可以应对这些，但他必须首先教会目前的团队如何做到这一点。

结　语

上述案例是我经常遇到的情况。客户向我咨询管理问题，但随着了解的不断深入，我发现核心问题是管理者不能像过程咨询顾问一样对待下属、同事和上级。如果他能够更多地以过程为导向，管理好人际互动过程，他就可以避免大多数问题，也无须寻求外部帮助。换句话说，罗尔斯顿的很多目标是务实和有效的，但达成这些目标的方式、管理过程和管理风格引发了一些不可控的问题，最终阻碍了目标的实现。无论是咨询顾问还是管理者，都可以从罗尔斯顿的事例中吸取教训，将管理过程的概念和方法引入自己的管理中。

第二章

过程咨询的概念

协助方式的选择

对于管理者和咨询顾问而言,他们在每一个协助情境中都会面临两种截然不同的选择:

(1)作为专家给出建议,告知他人应该如何做;

(2)帮助和促动客户自己找到解决办法,即使有些解决方案再明显不过也不直接告知客户。

这个选择困境非常常见,每当遇到某人的求助时,我们不免会很自然地假设自己知道对方所寻求的"答案",我们在心理上也很难抗拒对方在一瞬间将我们视为"专家"的诱惑。然而当我们分享知识、提供建议、告诉他人应该"如何"时，我们也发现对方会表现出抗拒，譬如指出我们建议中的疏漏之处，编造各种理由或提供新信息说明我们的方案无法奏效，或用其他方式否定我们的建议。

如果我们善于观察，就能发现之所以会出现这种抵触心理是因为寻求帮助或建议的人不喜欢成为"求助者"。正如协助者在提供帮助时往往会觉得自己"胜人一筹"一样，遇到问题的人也会因为无法达成目标而觉得"低人一等"。因此，陷入困境的人需要帮助，却不太愿意求助。

我们如果希望发挥影响力并提供真正的帮助，就需要掌握技能并把握时机，清楚何时应该扮演专家角色，何时应该发挥促动者或催化剂的作用。我们需要制定诊断标准，以便在各种协助场景中做出正确的选择。

制定标准之前，我首先会提出三种不同的咨询模型，并给出每种模型的基本假设。咨询顾问和管理者若想应用这些模型，就必须在适当的时候扮演这些角色。从我自己的经验来看，对于特定情境，最重要的是选择成为专家还是选择成为过程咨询顾问，同时能够随着情况的变化而转换角色。不仅如此，咨询顾问还必须极力避免因转换角色而扰乱或破坏客户关系。

关于"咨询"的困惑

在探讨咨询模型及其基本假设之前,我需要简要介绍一下咨询的概念及其在管理学文献中是如何被大量引用的。对于组织而言,咨询顾问应该做什么?需要履行哪些职能?以下列举了咨询顾问可以为客户(正如管理者为下属)提供的服务。

(1)提供客户无法获得的相关信息;

(2)使用(客户或下属无法使用的)复杂工具分析信息;

(3)诊断复杂的组织和业务问题;

(4)培训客户或下属使其掌握诊断模型,帮助他们更好地决策;

(5)倾听客户陈述艰难场景并给予支持、安慰和建议;

(6)协助推动难以实施或不得民心的决定;

(7)借助"局外人"的特殊权威实施奖惩制度;

(8)纵向或横向传递信息;

(9)在业务管理者因故不能发号施令时决策并下达指令;

(10)承担决策责任和因不确定性带来的群体焦虑,通过各种途径提供精神支持以帮助他人克服困难。

应当指出的是,管理者也会承担上述许多职能。正是因为职能繁多,客户和下属常常感到困惑从而无法弄清他们到底需要什么样的帮助。无论是客户还是员工，他们有时甚至被建议"先搞清楚到底需要什么帮助"再寻求外部协助，以免看上去茫然无措或无法胜任工作。

这种建议显然大错特错，当客户或下属最为困惑并且不知道寻求什么帮助和对策时，顾问和上级当然是最有效的求助对象。他们遇到了问题，而且不知道问题出在哪里或应该寻求什么样的帮助。正是在困难者最为沮丧且自我防卫意识最强时，采用过程咨询的方式是最有效的。

人们能够感知到出现了问题或转机，但他们缺少将模糊感觉转化为具体行动步骤的工具。过程咨询并不会假设顾问或组织了解问题出在哪里、需要什么、应该请顾问做什么，所了解的就是组织内部人员希望改善现状的意愿。

然后过程咨询模型可以帮助客户正确地定义问题、诊断问题并制定干预措施。因此，客户未来再遇到类似的问题时，即使没有顾问帮助也可以解决问题。过程咨询的目标就是将顾问的诊断技巧、不同视角和广泛信息传授给客户。

从这个意义上来说，过程咨询的基本假设和许多心理咨询非常相似，都是强调让客户自己弄清楚他们的问题，并发现自己应该如何做。这样的假设也是很多监督和授权理论的基础，即坚持"员工发展导向"的上级应该为下属构建情境，让下属可以学会自己解决问题。上级在此过程中发挥的是过程咨询的作用，而不是下达命令或给予建议告诉下属应该怎么做。

发现这些共通之处非常重要，我在咨询和教学工作中一再发现，过程咨询的角色同样适用于生活中的各个场景，诸如亲子之间、朋友之间、夫妻之间、老板与员工之间，以及其他任何单方面寻求帮助的人际关系之中。从某种意义上来说，抛开具体场景，我所陈述的这些假设正是"协助"这个广义概念的基本假设。我所陈述的事例主要从组织环境中提取，但协助者角色及其背后的基本假设则有着更为广泛的应用场景。

三种咨询模型

为了强调过程咨询背后的基本假设，我会将它和其他两种咨询模型——专家模型（信息/专业技能采购模型）和医患关系模型——进行对比。在双方关系建立之初——当一方对另一方说"您能给我一些建议吗""我需要一些帮助""我不知道如何解决这个问题""我该怎么办"时就需要面对选择模型这个问题。我将在咨询场景中解说各个模型，并在本章结尾时说明管理者应该如何应用这些模型。

专家模型

该模型的核心是由客户来决定要解决什么问题，需要什么样的帮助以及向谁寻求帮助。买方通常是组织中的某个管理者或团队领导者，他确定需要某些信息或执行某些活动，但他确认自身没有能力完成，或是从经济和政治层面考虑由局外人实施更为妥当，因此求助于顾问。

典型事例是邀请一位软件系统专家来完成程序编写，或是邀请一位律师对项目方案进行合规审核，又或是请一位建筑师设计一幢新建筑等。还有一些事例不太明显，例如：管理者期望得到特定消费群体的反馈、了解如何规划厂房、如何安装新的财务信息系统；或者管理者可能希望了解如何更有效地管理研发职能、在某个特定部门采用信息技术之后如何重新设定工作内容、对组织中某个单元的敬业度进行调研；又或是 CEO 或部门负责人希望了解某个特定市场的竞争格局、调研某个新产品的市场潜力、评估某项新政策的潜在利弊；等等。在上述这些情况下，所"购买"的信息等同于"商业情报"，因此组织往往倾向于采用较为隐蔽的方式，最好是通过外部渠道获得。

从客户到顾问，所传递的关键信息是"这是我的问题，请给我答案，并告诉我要花费多少钱"。在客户心中，客户的意思是"请帮我解决这个问题，给我解决方案"，专家接手（并拥有）问题。如果信息毫无价值或解决方案不起作用，作为提供者的咨询顾问则很容易受到指责。

专家模型如果想要有效运行，必须满足以下假设：

（1）客户需要正确地诊断问题。如果客户错误地判断了问题之所在，在这个模型中顾问没有义务帮助客户重新诊断问题。例如，客户希望进行消费者调研，即使真正的问题可能源于市场部与研发部之间的权力斗争，调查专家也只会按照要求提交调研报告。

（2）客户需要正确地评估顾问提供专业知识的能力。如果客户准确界定了问题，确实需要进行消费者调研，但找到不恰当的顾问来实施，那么糟糕的后果应该由客户本人承担。在这个模型中，只要顾问尽心尽力付出即可，除了提供约定的服务，顾问没有义务做其他任何事情。评估顾问的专业水平是客户的义务和责任。

（3）客户需要正确地将问题和所需要的信息/专业知识传达给顾问。客户希望将调查重点放在员工对上级的反馈上，如果仅仅告知顾问做一个"员工调查"，那么收集到的信息可能与最初想要了解的管理者激励情况毫不相干。由于客户没有仔细检验顾问是否正确接收到了自己试图表达的内容，因此错误往往层出不穷。顾问会根据自己的理解去推进工作，直到工作完成才发现所处理的"问题"是错误的。

（4）客户需要深思熟虑，充分做好接受获取信息或服务可能带来的后果的准备。如果顾问的调查反映出组织内存在严重问题，客户的管理者需要做好应对准备，否则情况就会进一步恶化。因为调查过程让问题浮出水面并为众人所知，管理者如果不采取任何措施，员工会认为管理者故意对问题视而不见。然而，如果顾问反馈的问题与管理者的预期不符，则管理者很难有所动作，即使顾问再三强调，也只能令管理者感到尴尬甚至恼羞成怒。

总而言之，专家模型仅在客户正确诊断出自身需求、正确地评估顾问能力、正确地将需求传递给顾问，并且对调查的可能结果做好充分准备之后才能够有效应用。然而即使并没有满足上述假设，客户在结果不佳时也很少会承认并承担后果。具有讽刺意味的是，在此模型下想要获得成功，客户需要承担巨大的责任，而一旦成功，人们却往往将功劳归于专家。

当问题过于复杂以至于无法诊断，或过于棘手以至于难以解决而不能满足上述假设条件时，客户往往会转向以下两种模型。

医患关系模型

医患关系模型是专家模型的细化版本，它为顾问提供了进行诊断和"开处方"的附加权力。客户感到痛苦或观察到一些"症状"，但并不知道问题所在，也不知道如何解决，此时顾问的任务就是"诊断病情，开具处方"。

从客户的视角来说，这种情况既可以采用医患关系模型也可以采用过程咨询模型，因此顾问在接到客户的邀请之后，需要判断客户对自身的假设（是医生还是过程咨询顾问），自行判断是否接手这个项目。当然，顾问首先需要熟知这两个模型的运作方式和可能后果。

医患关系模型很可能由总裁或组织中的高级管理人员发起——聘请顾问或咨询团队对公司进行"扫描"或审计，就像某人去医院看内科首先需要进行体检一样。顾问应该诊断出组织中的哪个部分出了问题，并制定"治疗方案"，这种方案常常伴随着关键人员的更替或组织架构的重组。

一般来说，聘请顾问的人往往都是更高层的管理者而非直接面对问题的人。当某个部门出现问题时，事业部或公司层级的管理者可能会"派遣"一位顾问对该部门进行调研并找到问题。组织内部也会有类似情况，管理者委派一位下属对某个出现问题的部门进行调查，并找到解决方案。

这个模型的本质在于客户不仅委托顾问寻找解决方案，而且需要顾问诊断问题。在顾问提供解决方案之前，客户会非常依赖顾问。如同专家模型一样，顾问"接手"了客户的问题，客户也因为有专人在负责而感到安心。

医患关系模型如果要发挥作用，必须满足以下假设：

（1）**客户对诊断过程本身要赋予重要意义**。在组织环境中，诊断必然产生人际互动，因此邀请顾问对组织进行诊断的过程本身已经构成了对组织的干预，而且是影响结果尚未可知的干预。客户必须做好充分准备去承担风险（由顾问负责调研、问询和分析数据所引发），否则就应该慎之又慎。将顾问引进系统，哪怕仅仅是"诊断"，也无法避免在组织内部引发各种遐想和猜疑。然而，如果客户恰恰希望对组织有所触动，引发组织内部人员的反思并暴露问题，那该模型无疑是极好的选择。

（2）**客户能够正确理解组织问题并找到症结**。客户不仅可能不了解实际情况，而且往往会因为错误的指标"误入歧途"，无法找到真正的问题。他们可能会将财务指标、生产效率、销售额、工作积极性统计或满意度调查指数作为问题所在，然而，这些"症状"往往可能只是组织问题导致的短期表象，而不是问题本身。

高层管理者往往"确信"组织在市场营销、财务、生产制造或行政管理方面存在某些问题，也曾邀请该领域的专家协助、给出建议并落地执行。然而这些"症状"始终没有改观，这正说明了我们前期对潜在问题的假设是错误的。

顾问和客户很容易进入一个恶性循环：客户急于寻求帮助，而对顾问完全依赖；顾问因此急于兜售服务，只是根据己之所长整理出解决方案，却忽略了真正的问题。

当然，如果客户能够满足上述假设，正确界定"症结"所在，对组织进行针对性"手术"无疑是正确有效的治疗方式。譬如，某公司聘请顾问对各个部门和产品线进行分析评估，根据利润贡献程度来决策保留或出售该业务单元。然而当问题出现在人力系统，尤其是涉及更为微小的个体单元时，我们便很难获得上述清晰准确的销售/财务数据。在这种情况下，客户可能需要一位"内科医生"，帮助客户一起对组织进行诊断，找到组织存在的问题和相应的专家。而这位"内科医生"在最初往往会采用过程咨询模型，以获得更为准确、翔实的信息。

（3）被定义为"有问题"的个人和组织能够提供真实有效的**诊断信息**。医患关系模型面临的最大挑战之一在于这种模型假设"患病"的个人或组织会很合作地提供相关诊断信息，即他们不会隐瞒也不会夸大"病症"。然而，我通过相关研究发现，组织内部往往存在着"系统性失真"的情况，而决定因素在于组织氛围和组织文化。

如果组织氛围缺乏信任和安全感，受访者担心揭露问题可能对上级产生不良影响，自身会受到惩罚，他们就会选择隐瞒有害信息。如果组织氛围信任和开放，受访者可能会将访谈视为发泄不满的机会，大发牢骚从而夸大了问题。

顾问只有通过深入调查，才能掌握组织的实际情况。而如果没有组织内部人员的配合，仅靠顾问的"观察"同样无法驱散迷云。因此，当客户直接要求我访谈某个有问题的团队时，我一般会建议暂缓。只有当我和客户共同分析，（从他的视角）对情况足够了解和掌握时，我才会答应客户的访谈请求。

与专家模型一样，医患关系模型存在的问题是顾问会接手客户的问题，让客户产生依赖感。虽然这种依赖感最初让客户如释重负，也赋予顾问极大的权限，但如果没有满足假设（4）的条件，最终往往会后患无穷。

（4）客户能够正确理解并执行顾问提供的"处方"。 当"医生"逐渐发现问题时，医患双方的关系变得更加融洽，诊断过程意味着事情在有序推进。但最终结果如何——客户会不会接受诊断结果，能不能正确理解其含义，会不会按照建议方案执行，目前还都是未知数。

有时，顾问为了打动客户，可能会故弄玄虚或卖弄专业，从而能兜售更多的服务。双方签订的合约只要求顾问遵守专业行为规范和基本职业道德，顾问并没有确保客户正确理解诊断及其含义的义务。医学界对此制定了明确的规范和衡量标准，并通过职业资格认证、同行审查和专业协会认定来进行监督。而在管理咨询领域，类似的标准很难制定，即使制定了也无法有效执行，因为客户和顾问之间的互动很难被完全量化地记录下来。

更大的问题在于诊断和建议即使正确无误，客户也可能不愿意或无法执行该建议方案。例如，顾问可能建议重构组织，虽然这是最好的解决方案，但背离了客户对组织和员工的预先假设，或是管理层之间既定的政治协议，又或是客户自身的价值观。而这些关于组织的隐蔽信息（实质上就是组织文化）很难为顾问提前所知。

因此，如果客户对"处方"不满，或是感觉自己"浪费了钱"，要么是顾问没有在最初的沟通中将医患关系模型解释清楚，要么是客户自己不计后果地选择了医患关系模型。对于顾问而言，如果已知的客户系统可能导致这些不可控且不理想的后果，就应该尽力避免使用该模型。

（5）**顾问离场之后，客户可以持续保持"健康"**。如果客户掌握了解决同类问题的技能，这个模型就非常有效。但如果诊断和解决都有赖于顾问的深度工作，客户就无法学习和掌握解决问题的技能，类似问题就可能在组织内再次出现。例如，客户聘请顾问对某个部门进行诊断，诊断结果显示该部门的负责人需要接受专业的咨询，客户可以聘请专家提供服务。但如果此类问题再次出现，客户仍然不得不聘请顾问进行诊断。

综上所述，只有当客户明确症状和症结、做好准备邀请顾问来干预组织的系统、认可顾问的诊断结果和建议方案时，使用医患关系模型才是有效的。这意味着"患者"愿意"服药"从而治愈疾病，但他并不能由此了解如何更好地照顾自己，更不用说如何对症下药。与此同时，邀请顾问对组织进行诊断的过程可能会永久地改变组织内部的权力关系。

过程咨询模型

过程咨询模型中的客户行为相对于医患关系模型并没有什么变化，主要区别在于顾问如何构建关系。客户可以寻求信息、邀请顾问诊断，或请顾问协助，但顾问并没有义务对客户的需求做出书面回复。

在过程咨询模型下，顾问对客户系统的本质和咨询过程的目标有着截然不同的假设。过程咨询最核心的假设是客户才是问题的责任人，并且在整个咨询过程中一直都是如此。顾问可以协助客户解决问题，但顾问永远不会把问题"扛到自己肩上"。需要特别强调的是，在客户寻求帮助时，所有的力量都会推动顾问"把猴子从客户背上挪开"，顾问很容易经不起诱惑说出诸如"我替你解决这个问题"的话来，而不是正确传达"这是你的问题，但我会协助你把问题解决"的正确信息。

这并不是说在专家模型或医患关系模型中，客户就会撒手不管。在任何模型中，客户都可能会持续认为问题是自己的而非顾问的，只是需要顾问的协助。只采用过程咨询模型的顾问会特别强调这一核心观点，以明确自己不会接手问题，无论客户是否表达了更加依赖的期望。

顾问即使认为自己对问题了如指掌，并知道如何应对解决，也不能在咨询初期就直接表达这些想法。原因有以下三点：

（1）由于存在隐藏的文化、政治和个人因素影响，顾问可能存在一些错误认知；

（2）即使顾问是正确的，客户也可能会自我防卫、忽视或否认顾问所呈现的内容、与顾问争辩或产生误解，因而破坏解决问题的可能性；

（3）即使客户全盘接受了顾问的建议，他在未来也无法自行诊断和解决此类问题。

客户必须积极参与到问题的诊断过程中来，学会自己分析问题，并积极参与到解决方案的制定过程中，这就是过程咨询的关键假设。因为在客户特定的文化和环境中，只有客户自己最了解问题可能之所在，对策能否奏效。

过程咨询顾问可以在帮助客户加强对"问题在哪里""如何应对问题"的理解中发挥关键作用，此外他还可以提供一些客户从未想到的创意和备选方案。然而，最终的决策权会交由客户，包括决策做什么，如何在组织内实施干预等。这种方式不仅有利于解决问题，更重要的是，客户掌握了解决问题的技巧，在顾问离场之后能够持续解决问题。

应该强调的是，在解决客户的特定问题上，顾问可能是专家，也可能不是。顾问的主要作用是帮助客户学会自我诊断和掌握干预技巧，相对而言，解决问题的专业知识的重要性较低一些。顾问必须是人际互动方面的专家，尤其是在建立和维系协助关系的过程中。如果顾问发现在营销、财务或其他业务方面需要特定专业领域的知识和技能，顾问可以协助客户物色相关专家。

诊断即是干预，这是过程咨询的另一个重要前提。咨询需要顾问与客户或其他相关人员紧密配合，顾问会提出一些问题或引发一些影响从而产生干预。即使顾问一言不发，只要他出现在现场（需要顾问到场）就形成了干预，因为这会促使员工意识到组织出现了问题。

因此，顾问的行事标准主要是基于干预理论，而非诊断理论。在设计诊断措施（包括所提问题、询问对象、术语选择等）时，顾问就需要考虑其所产生的干预影响。诊断和干预需要进行通盘考虑，这是过程咨询模型不同于其他两种问题解决模型之处。

正是这一前提明确地将管理和咨询融为一体。管理者意识到，为了诊断问题而发问，实质上是一种强有力的干预措施，而且这种"问诊式"干预比发号施令更为有效。高效的管理者认识到不一定需要成为专家或医生等权威角色才能具有影响力,通过担任过程咨询顾问可以对他人施加更大的影响力。但过程咨询模型的核心就是管理者或顾问无法单纯地实施"诊断"。即使他只是静静地坐着听下属诉说,他也始终在进行干预。

鉴于上述前提,当下列条件得到满足时,过程咨询模型的效果最为显著:

(1)客户感知到问题,但不知道问题的根源和应对方式。客户对问题不知所措指的是实际情况,而不是客户所陈述的内容。客户往往咬定问题是什么,但当我询问了几个问题之后就会发现客户其实并不确定问题所在,只是不愿意承认而已。

(2)客户不了解可以寻求哪些帮助以及向谁求助。过程咨询顾问会帮助客户自己找到答案,无论是找到需要的特定专家或医生,还是让客户在组织内部做出正确决策。

(3)客户不仅需要找出问题所在,还需要从参与诊断的过程中有所受益。在组织中,影响巨大的问题基本都不是技术性问题,管理者往往意识到问题存在,但不确定症结所在。这些系统性问题往往不仅涉及多个人或多个团队,还涉及组织的文化假设、政治问题、个人倾向和价值观,最重要的是关乎客户对不确定性的认知、感受和容忍度。

这些信息已经在组织中根深蒂固，作为局外人的顾问很难轻易发掘。顾问只有与组织内部的客户或其他成员合作，才能获取真实情况、正确诊断问题、了解问题的成因及其意义。顾问所需要做的是让问题水落石出：为什么这是问题（或许并不是问题而是正常情况）？为什么在当下问题很紧急（需要顾问立刻介入协助）？应该如何处理（或许应该搁置不理）？

（4）客户应该具备"建设性意图"。 客户的价值观和所期望的目标是正向的，可以被顾问接受，同时客户也有能力建立起协助关系。如果客户隐瞒了顾问不接受的目标和价值观，或是客户过于依赖或不怀好意（基于顾问的基本价值判断），过程咨询模型就无法奏效。在与客户合作初期，顾问的一项重要工作就是检查客户可能存在的隐性需求，并确认是否能够接受。

很多客户邀请我拜访公司并进行诊断，然而我发现这往往是客户希望我协助他们赢得一场政治权力斗争。又或者我受邀进行讲座培训，但客户的真正动机是说服他的老板推行一项我可能全然不认同的行动方案。

顾问需要通过各种方式来评估客户是否具备"建设性意图"和接受帮助的能力，并做好在无法达成一致时终止合作关系的准备。在后续章节中我们将进一步讨论评估策略。鉴于过程咨询模型（相对于专家模型和医患关系模型）可以更有效地揭示这种不一致的情况，因此在协助关系的初期更加适用。

（5）只有客户才知道何种干预措施最为有效。顾问通常是局外人，可能无法完全了解解决方案在问题情境中是否有效，但这并不妨碍顾问可以提供或鼓励客户做好备选方案。顾问还可以协助客户评估不同干预方案的可能后果。

如果是内部顾问，对问题情境可能更加了解，但仍然不建议顾问单方面提出解决建议，哪怕是应客户的要求。原因有三：①客户的防御心理使他们无法听到或接受某些建议；②许多客户喜欢自己找到解决办法；③客户往往不愿意接受顾问的给定方案，因为这会提示他们在问题处理方面处于弱势。

同时，为了引出更多关于可能正在发生的事情的信息，顾问将提供建议作为诊断干预措施非常理想，顾问可以将客户的反馈作为信息的来源，譬如客户的抗拒、客户与顾问之间突发的紧张关系都会成为新的诊断信息，需要顾问进行了解分析。

（6）客户有能力学会如何诊断并解决自己的组织问题。组织内不会有亘古不变的正确方案，这就是组织运作的本质。情况在不断变化，从而需要新的诊断和解决办法。管理是一个永恒的问题应对过程，无论是改善现状还是防止恶化。如果客户缺乏学习能力和解决问题的能力，过程咨询模型就不再是最佳选择。

但是我相信，组织内部的员工只有具备了这种学习能力，才能确保组织的长期生存和发展。因此，管理者在面对下属、同事和上级时，成为有效的过程咨询顾问至关重要。通过咨询过程来传递解决问题的能力成为管理者最重要的发展方向之一，因为这可以有效提高他们在未来独立解决问题的能力。

定义过程咨询

过程咨询是指顾问在帮助客户感知、理解客户环境中所发生的事件，并采取应对措施的一系列活动。

过程咨询顾问旨在通过帮助客户诊断组织现状、教会客户如何干预、帮助客户增强洞察力并解决问题以实现客户的目标。所要进行观察和干预的是各种人际互动行为——发生在正常的工作流程中、会议中以及组织成员之间正式与非正式的接触中。客户自身的行为及其对他人的影响尤为重要。

成为过程咨询顾问式的管理者

在什么情况下，管理者应该成为专家、医生或是过程咨询顾问？管理者的正式职权很容易让他扮演专家或医生的角色，尤其是在下属寻求帮助时。但如果管理者的目标是教授下属掌握解决问题的技能，并确保决策能够正确制定与贯彻实施，那么成为过程咨询顾问毫无疑问是提供帮助的首选方式。

管理者和顾问面临着同样的问题：接收不实信息、错误地诊断问题、错误地归因、遭遇对方推卸责任、提供正确建议却被对方拒绝或被对方怨恨。因此，高效的管理者会在初期扮演过程咨询顾问的角色，待时机成熟时扮演专家或医生角色。

如果管理者担任了下属团队的"诊断医生"，虽然他显然拥有正式的权力来推行任何他制定的决策，但这并不能保证团队成员都正确理解或接受来自上级甚至上两级领导的强加命令。因此，管理者可能认为自己已经解决了这个问题，但该团队实际上并未（正确）实施解决方案，甚至方案有可能已遭到破坏。

但如果管理者拥有下属明显急缺的知识和信息，采用专家模型无疑是最好的选择，正如顾问在设计会议议程或调查问卷时扮演专家角色一样。高效的管理者最重要的是了解各种协助角色、学会快速评估现状并做出正确的选择。我始终以过程咨询顾问的身份开始工作，因为这个角色赋予我最大的灵活性，并与培养客户有效解决自己问题的发展目标一致。

案例：再访艾伦金融服务公司

如果将上述几点应用到第一章所提到的事业部总经理弗雷德·罗尔斯顿的案例，我们就能从中发现一些问题。与下属相比，罗尔斯顿认为自己是专家。在职业生涯中他收获颇多，他还接受了专业学术培训，以支持他的许多实践性理论，并取得了无可争议的成功。他崇尚专业，将我这位教授兼顾问视为专家中的权威。然而，他却不太认同将他的团队成员视为所在领域的专家。

在与罗尔斯顿的下属进行沟通了解之后，我能够发现最令他的部门经理不满的是罗尔斯顿给予指导的方式和口吻，他们觉得受到了侮辱和中伤，但罗尔斯顿自己并没有意识到这一点。下属认为自己具备丰富的经验和专业知识，比罗尔斯顿更了解具体部门的实际问题和解决办法，他们知道哪些措施可以奏效，哪些不能。但他们无法对罗尔斯顿坦诚相告，因为罗尔斯顿对他们只是一味地颐指气使，这令他们更加沮丧。

罗尔斯顿过度扮演专家角色的最严重后果就是他开始曲解实际情况（认为他比所有下属都更专业），同时他并没有意识到他的立场会迫使下属出于明哲保身而对他有所隐瞒。

作为罗尔斯顿的顾问，我最重要的工作就是让他开始思考个人管理风格所带来的影响，并考虑让他通过担任过程咨询顾问来更好地实现个人目标的可能性。我会持续让他反思为什么会这么做，以及他的行为对下属可能产生的影响。我请他明确自己的目标，审视他实现目标的策略。为了达成财务指标，是否真的每天需要进行监控？如果财务指标未能达成，是否一定要加以惩戒？我扮演他的下属，模拟下属的反应，并请他建议应该如何应对像他这样的上级。

我强调我认同他设定艰巨目标的想法，他的成功源于他对目标的明确和决心，显然他也不会对目标轻易妥协。但是他可以在如何达成目标方面给予员工更多的自由。即使过程目标并未达成，部门负责人及其团队依然能够进行有效诊断并解决问题。

譬如，当客户服务出现问题时，公司的惯例是给予客户一定的补偿金，以彰显组织对高品质、无差错服务的追求。罗尔斯顿原本会在每周一次的员工会议上详细盘点前一周出现的所有错误以及解决措施，但因为错误较多，很难逐一进行详细分析以获得学习经验。因此，这个过程既枯燥乏味，又毫无意义。通过建议罗尔斯顿寻找其他有效途径，我引导他逐渐转向建立质量控制系统。在该系统中，团队会详细调查和分析那些造成巨大影响的错误，将分析结果在例会上详细展示给团队，让每个人都能从中学习。

对于未能达成成本控制指标的下属，罗尔斯顿不再每天追究，他重新设计了监督机制，改为周报和月报检查。他还专门与负责费用数据的下属进行沟通，通过提问展开真正的对话。

管理行为上的细微变化反映了罗尔斯顿对待下属态度的根本转变。他开始给予下属更多信任，也能够逐渐放弃专家角色。随着下属的"自由"越来越多，罗尔斯顿发现下属的能力大大超出了他的想象。即使没有他每天事无巨细地帮助下属也能完成指标。他逐渐意识到自己不仅是团队目标的制定者，还是协助团队成员实现目标的顾问。

结　语

三种咨询模型突出了协助过程的复杂性。随着现实情况的不断变化，三种模型往往可以相互转化。以我的经验来说，大多数组织中的与人相关的问题都不适合采用专家模型和医患关系模型，因此我通常会在咨询初期，戴上我的"过程咨询顾问帽"，并在恰当的时机切换到其他模型。

从客户联系顾问的那一刻起，顾问的一言一行就都是一种干预。因此，顾问必须使用以干预为中心的理论模型。这并不是说我忽略了诊断问题，恰恰相反，我必须在开始干预时就做好诊断。

尽管大多数咨询模型都声称应该先诊断后干预，但我认为这是无稽之谈。顾问在着手开始诊断时，就必须承担随之而来的责任。

　　直线经理也面临着与顾问相同的问题。管理者干预下属和组织内其他成员的方式奠定了组织管理风格的基调。尽管管理者有时必须扮演专家或医生的角色，但这两个角色并不适用于长期督导员工与团队。因此，为了给予下属真正的帮助，管理者需要学会如何成为过程咨询顾问。这不仅可以更好地实现组织目标，还可以促进下属的发展与成长。

第三章

过程的概念

"过程"的概念是理解咨询和管理的核心。广义上的"过程"指的是工作的方式（如何做），而不是工作的内容（做什么）。当我过马路时，过马路就是我在做的事情，而"过程"就是我如何过马路：漫步走过，匆匆跑过，在车流中腾挪躲闪通过，或是请别人扶我通过，等等。

"过程"无处不在，为了提供帮助、干预或促进人际问题的解决，协助者必须重点关注沟通与人际互动的过程。

了解人际互动过程和群组运作过程对于管理者至关重要，因为相对于"做什么"，高效管理者往往更愿意花费时间和精力去关注"如何做"。高效管理者需要建立正确的决策机制，无论是由他独自决策，还是他不参与而由团队进行决策。随着科技复杂程度的不断提高，环境的变化速度日益加快，决策过程管理变得更加重要。直线经理最本质的核心工作就是有效决策并加以有效管理的过程。

聚焦过程

当管理者和顾问希望改进现状而进行干预时，他们应该关注的焦点是什么？假设你受邀参加一次员工会议，你如何帮助团队提高效率？如果你是一位管理者，你想要召集一次会议，如何让会议更有效？你应该注意哪些方面？你可以考虑采用哪些干预措施？

表3-1用简化模型的方式给出了参考建议。表格很清晰，但实际情况并非如此泾渭分明。只是为了帮助大家理解人文环境中常见的复杂信息，我们提供了这样的简化模型。

首先，我们将某个情境拆解为内容、过程和结构；接下来，针对这三个方面，我们分别从任务视角和人际关系视角来进行分析。

表 3-1 观察和干预重点

	任务视角	人际关系视角
内容	1. 目标、议程	4. 谁对谁做了什么
过程	2. 任务如何完成	5. 团队成员相互联系、沟通等
结构	3. 循环过程——标准作业步骤	6. 固定人际关系——角色分工

模块一：任务内容

团队会议首要关注的问题就是召集会议是为了什么？目标是什么？团队的任务是什么？团队存在的意义是什么？每个团队、每个组织都有其终极职能，团队存在的缘由、使命、目标和任务均源自这个终极职能。

对于组织的终极使命，团队成员可能并不了解或并不认同。事实上，管理者或顾问的主要职责之一就是帮助团队成员正确理解组织的任务与职能。管理者和顾问对于这一点需要明确聚焦，如果在这个层面上存在误解或分歧，团队很难有效运作。

任务内容中最容易观察到的是团队讨论或执行的主题，通常被称为正式议程。如果安排人员记录会议纪要，管理者或顾问作为协助者，最好的方式就是跟进会议纪要中的任务内容，确保其按照"正轨"推进，以推动团队实现目标。

模块二：任务过程

即使管理者密切关注并积极管理任务内容，团队内部仍然可能存在沟通问题。团队成员可能不愿倾听、彼此相互打断、产生冲突和误解、在细枝末节问题上浪费太多时间、团队无法达成共识，甚至会产生破坏性对话或其他可能妨碍任务有效执行的行为。

在参与不同组织的团队会议之后，你可能会发现不同组织对于同一任务的解决方式完全不同。有些团队负责人会点名让成员发表意见，有些团队负责人让人们各抒己见、自由发言；有些团队中充斥着激烈的对抗和争论，而有些团队中则温文尔雅、问答得体；有些团队会协商达成共识，有些团队会投票决策，还有些团队管理者会在听取团队讨论之后做出决定。

换句话说，任务可能相同，但不同组织达成任务的方式或过程可能截然不同。任务过程就是团队的运作方式，包括如何收集信息、制定决策、解决问题等。任务过程难以捉摸，我们可以轻而易举地体验和观察这个过程，但很难将任务过程与正在处理的内容清晰地区分开并准确地界定其概念。正如参议员或辩论家在打击对方观点时，或用嘲笑激怒对手，或转移话题，或用其他方式将讨论内容带偏。团队成员意识到他们可以通过控制过程来对任务成果产生一定的影响。干预者面临的最大挑战就是不要被内容所迷惑，避免陷入对实际内容的争执而不再关注工作方式。

模块三：任务结构

对组织进行一段时间的观察后，你会发现一些规律：有些事情会经常发生，而有些事情从未发生。譬如，有些组织始终投票达成共识，有些组织明知投票是唯一的解决问题的方式也会坚持不用；有些团队会提前制定议程计划并严格遵循，有些团队没有会议议程而随机应变。

另外，如果组织中存在多个管理层级，有些人会在会议中持续打断他人发言，有些人却永远不会，你会发现，前者往往身居高位。另外，你还会发现组织中的高层往往制定方向、提供指导，而组织中的基层往往履行职责、依规行事。团队运作中的这种规律性可视为团队的任务结构，即相对稳定的、帮助团队或组织达成目标的重复过程。

在大型组织中，任务结构通常指的是组织层级、组织架构、信息与管控系统以及其他稳定的重复过程。新员工在加入组织时会被告知"这就是我们的工作方式"。但需要认识到的是"结构"概念是过程概念的延伸，指的是那些稳定的、重复出现的过程，而且是由本组织的成员所定义的。

每个组织都需要这样的规律性和稳定性，这使得工作环境和工作模式可以被预测，从而可管理。形成这些结构的潜在假设随着时间的累积会逐渐变成组织文化的一部分。这些结构在组织内得到了一致认可并被视为理所当然，这些可被观测到的结构可以被视为组织文化的载体和外在表现。

组织文化并不直接可见，而是组织内所达成共识的一系列潜意识和无意识假设。这些假设是组织在长时间应对内部和外部问题的过程中逐渐发展形成的。组织文化既可以通过可见、公开的行为体现出来，也可以通过外部顾问和组织成员的共同研讨梳理出来。在过程咨询模型中，通过关注这些表现形式和外在行为，推断出其内在深层假设，对于顾问和管理者通盘考虑问题大有裨益。

团队内部的任务结构主要取决于组织在外部环境中生存的相关规则。每个组织都会面临至少 5 个基本生存问题：

（1）**确定其存在的主要使命，即主要任务。**该部分的结构要素包括组织章程、组织使命、组织理念、正式议程及其他关于帮助成员理解组织内角色分工的资料。

（2）**根据使命设定具体目标。**结构要素包括书面目标陈述、正式经营规划、定义明确的目标成果和完成时间。

（3）**实现目标的方式。**实现目标的结构要素包括定义正式的组织单元、分配任务角色、制定决策和解决问题的机制。

（4）**衡量和检测目标是否达成**。建立正式的信息和控制系统、制定管理计划、预算及审核程序。

（5）（当组织偏离目标或未达成目标时）**识别并解决问题以确保组织正常运转**。团队需要纠偏和解决问题的流程，以使组织重回正轨。

对于"年轻"的组织来说，任务结构的稳定性较差，即结构化程度不高。随着不断发展，组织会逐渐形成关于自身运作的种种假设。引导组织走向成功的理念假设最终会成为组织的文化，然后通过组织架构、作业手册、规章制度及其他相关文化表现形式得以体现。

模块四：人际关系内容

我们已经界定了团队任务的内容、过程和结构。然而，管理者和顾问很快就会发现，团队内部的很多关键事件与成员彼此之间的行为有关，但和组织任务关系不大。

乔和琼总是争执不断，米尔德丽德对吉姆言听计从，鲁迪很强势并试图控制他人，保罗只有在被点名时才发表意见。有些人总喜欢打断他人，有些人喜欢拉帮结派，加剧了小组的紧张气氛，还有一些人则会在气氛紧张时通过幽默来打破僵局。有些员工善于组织活动并鼓舞士气,有些员工则擅长总结、规划并检验组织的共识是否达成。

正如我们可以跟进会议议程,我们同样也可以跟进"谁对谁做了什么""谁在组织中扮演了什么角色",从而进一步了解团队成员彼此之间的关系以及与团队任务的关系。模块一关注任务重点,而模块四则强调团队成员之间的关系,但并不关心团队具体要做的事情。

模块五:人际过程

在任务领域中,人们有意或无意的控制使得内容和过程难以轻易分开,但我们可以通过观察团队,将完成工作的方法抽象地描绘出来。同样,我们也可以抽象地描绘出一个团队的人际互动过程,从而不再直接关联到实际场景中的具体人员。

例如,某些组织的成员常常会出现对抗和争论,而一些组织的成员往往彬彬有礼并相互认同。在某些组织中,成员们善于彼此倾听并帮助对方完善想法,但在一些组织中,成员们会频繁争夺话语权,他们想要的是如何表达自己的观点,而完全忽略他人。

人际过程之所以重要,源于小组成果是任务过程(模块二)和人际过程(模块五)共同作用后产生的复杂结果。你也许会发现，成员对于任务的理解并非整齐划一，因而会出现各种沟通问题，进而影响任务的完成。还有一些成员从不听取他人的意见，这往往导致了信息缺失。

你可能会注意到，有些成员会积极思考并寻找备选方案，有些成员则忙于兜售或否决某个方案。你可能还会很惊愕地发现组织内有些成员，无论他人提出什么建议，他们总是全盘否定。诸如此类的人际关系显然阻碍了有效决策的制定。或者你可能会注意到，其实有些员工已经提出了很多很好的想法，但由于没有人记录下来，因此会后也就无人再提及。然而一旦有人提议要执笔记录下大家的想法，却往往会遭到大家的嘲笑——认为他想借此玩弄权术。

这些行为会直接影响团队完成任务的情况，因此他们与上述所定义的任务过程紧密相关。与此同时，任务过程还受到团队成员的相互关系和感受、彼此的角色定位以及相互的影响模式等看似并不与任务直接关联的因素的影响。这些事例也说明了在人际互动过程中，人们彼此的情感比关注任务能带来更多的驱动。干预者面临的最具挑战的抉择是何时介入干预，何时置之不理。

模块六：人际结构

为了建立结构，即稳定、循环的流程，组织需要形成文化，以应对其在外部环境中的生存问题。对内同样如此，任何团队或组织都需要制定稳定、循环的流程来管理内部事务，使成员在一起工作时能形成团队。稳定、循环的内部流程使得团队的内部环境安全且可预测，让成员能以放松的心态全力投入到工作任务中。

让组织能够正常运作的固定观念、思维模式、信念和沟通规则等，都可以视为组织文化的一部分。组织内为什么需要这样的稳定性？需要应对哪些问题？任何想要正常运作的组织，都必须要应对以下问题并制定稳定的解决方案：

（1）组织内部如何相互交流——**明确组织语言**。可观测到的结构是指团队在协作中逐渐形成的实际语言，包括专业术语、有特殊含义的词汇和概念、内部人员才能理解的特殊符号等。

（2）如何界定组织界限——**制定成员选择标准**。可观测到的结构应包括招聘政策和招聘流程、象征会员身份的标志（如制服或徽章）、员工返聘政策、合同工或临时工条例、通告及保密政策。

（3）如何分配权力——对"**谁可以在哪些问题上影响谁**"**制定标准**。在这一领域中，我们会发现正式结构和实际操作往往有所不同。正式结构会发布组织架构图并确定管理汇报线；但即使是一些最基本的规则，员工往往也会忽视并以某些"非正式"

结构取而代之。

（4）如何定义良好的同事关系——**制定开放和亲密的标准，制定合适的竞争水平**。该部分通常在正式结构中分量最轻，因此在团队成员没有了解组织的内在"游戏规则"之前，它往往是成员们焦虑的根源。然而在员工初入组织时，他们会接收到诸如"团队协作才是王道""切勿玩弄权术""请以职务称呼上级""你最好直言不讳，即使感觉可能会遇到麻烦""绝不要在公开场合顶撞上级"等言语提点。这样的规则无法像明确的规章制度一样被列入可观测的正式结构中，然而它们切切实实地存在于组织文化内。

（5）**如何晋升和激励**。我们可以从组织中观测到正式的激励政策、业绩评估价值、发展潜力排名、晋升制度等一系列奖惩制度。然而，与第四项一样，组织在实际操作中同样存在着一些与书面结构规定所不同的非正式奖惩制度。

（6）**如何处理不可名状的、不可控的或危险性事件**。每个组织中都会存在一些模式和程序来应对难以预测的压力事件，但这个领域的结构化程度最低。某些组织中甚至会产生类似"祭拜祈雨"的迷信仪式。这些过程也同样会通过一代代成员的传承最终稳定下来（成为组织文化的一部分）。

随着组织内的人际互动，每个组织都会针对上述问题形成固定的认知模式和应对办法。而这渐渐会演变为组织的基本理念，进而成为组织文化的重要组成部分。这些基本理念在组织的公开运作中是隐性的，然而管理者和顾问可以通过观察政治联盟、沟通模式、成员相互表达情感的方式以及礼仪举止等方面对组织文化有所了解。

管理者和顾问首先应该将干预重点放在显性的动态过程上，以确保团队成员和观察者看到相同的事物。随着团队分析能力的不断提升，可以逐渐增加对隐形结构和文化元素的干预。

总而言之，管理者和顾问应该关注表 3-1 中的六个模块，考虑哪些关键问题与提升组织效率最为相关。

干预的基础：确定首要任务

决定观察对象和干预对象最重要的标准取决于对组织首要任务的理解。首要任务指的是组织的目标、愿景、使命、外部联系和竞争优势。首要任务并非显而易见，但通常可以被探讨或推断出来。但如果时机过早，可能无法获得准确答案，需要进一步观察和检验。

在顾问接手新项目或管理者进入新团队时，最安全、最有成效的工作重点就是明确新项目或新团队的首要任务和目标。你和你的客户（下属）想要做什么？何时达成何种目标？为了达成目标，必须逐步采取哪些有效策略？

在很多咨询模型中，这一过程常常被定义为"与客户签约"，但这并不正确。我们专注于首要任务，是为了能从一开始就进行有效干预，对客户（或下属）有所帮助。

对于外部顾问而言，首要任务是关注客户想要达成的目标，这样做的好处是：（1）顾问表达想要提供帮助的兴趣；（2）了解提供帮助所需要的信息；（3）这已然是一项重要的干预手段，要求客户明确说明目标会迫使客户对目标进行深入思考。签订合同并不是主要目标，只是附带工作。

管理者协助下属解决问题同样如此。他应该关注下属期望达成的目标，下属所面临的问题、存在问题的原因和求助的原因，始终保持目标导向。为了解决这些问题，他可能会遇到其他问题并暂时转移注意力，但最初的重点应该放在模块一（任务内容）和模块二（任务过程）上。

干预焦点：任务内容、任务过程还是任务结构

相对于任务过程和任务结构，客户往往对任务内容更敏感，然而高效完成任务的障碍往往来自过程和结构。在任务推进过程中，过程和结构难以直接观测，因此揭示关于过程与结构的相关

信息并帮助客户查看这些信息往往大有裨益。通常来说，任务内容是显而易见的，而且客户往往在该领域较顾问更为专业，因此顾问和管理者的主要作用在于揭示任务过程／任务结构对决策制定和问题解决的影响。

揭示和改变任务结构有时意味着强制性和操控性干预，顾问会扮演专家或医生的角色，直接操控和变更结构以改变组织中已经僵化的某些部分。这种系统性干预在家庭疗法中极为常见，并被越来越多地应用到组织环境中。然而，顾问只有在进行足够的过程咨询并判断客户确实陷入困境而无力回天时，才能使用这种做法。

另一种帮助客户摆脱困境的结构性干预方式是将新结构作为"有待尝试的实验"而不直接给出理想答案。这种干预十分有力且具有挑战性——开放性的尝试可能会迫使人们直面某些刻意隐藏的内容。

不以人际过程与人际结构为主的原因

人际关系往往突出且易于观察，顾问和管理者会倾向于直接干预此类问题，然而不这么做的根本原因来自文化。在我们的文化中，完成任务、取得进展、实现目标和取得成就至关重要，绝大多数的改善动力都来自对某项任务的关注。即使是人际关系出现问题，我们也将改善关系定义为一项任务。

在另一些文化中，"良好、和谐的关系"比完成任务更加重要，干预的重点也随之转向人际关系。美国早期也曾强调"人文主义"，但被证明只是旁敲侧击、绵软无力，最终毫无建树。顾问和管理者必须通过执行任务干预来建立一定的信誉，否则试图推进和谐的人际关系只能是缘木求鱼。

避免强调人际过程干预的第二个原因是，对组织的管理和咨询本身就是以任务为中心的。组织是以任务为导向的，组织之所以成立就是为了实现某些目标或完成某些任务。管理是实现目标的手段，而外部顾问也常常是因为目标没有如期达成，而由"受伤"的管理人员引入的。

人际问题只有当影响到任务的达成时，才会被客户考虑进来。当人际关系成为首要问题时，客户会考虑用心理诊疗替代管理咨询，并往往倾向于在工作环境之外实施诊疗措施。例如家族企业除了聘请咨询顾问解决商务问题之外，还会聘请顾问对家庭问题进行辅导。区分这些过程十分重要，因为只有在心理诊疗情境中，人际关系才是顾问要关注的重点。

如果人际关系严重影响到任务的完成，并且顾问和管理者认为这对当事人显而易见时，明确地转向人际关系干预是恰当的。我们将在后续章节中深入探讨如何构建恰当的干预模型和选择干预时机。

强调在人际领域中区分内容、过程和结构

区分内容、过程和结构非常重要，对表3-1中的不同模块进行干预会产生不同的后果。人际过程很容易观察，例如谁对谁做了什么，谁感受到了什么等，但对该领域要格外谨慎——人们对于"指名道姓"格外敏感和防备。当管理者点名指出某人的问题而不是笼统说明时，会让该员工颜面扫地。因此，在大多数文化中，指名道姓都是非常忌讳的。

如果皮特经常打断简的发言，这可能说明皮特对简不满。如果我认为皮特的行为使团队效率受到了影响并因此加以干预时，我需要关注干预的具体方式。

对内容的干预："皮特，你为什么经常打断简的发言？"

对过程的干预："我发现某些员工常常打断他人的发言，这会不会影响沟通？"

对结构的干预："我注意到在我们讨论的过程中，如果相互打断发言，讨论效果就会降低。我们是否应该做些什么？"

很明显，直接干预内容的风险最高，这可能令皮特和简颜面尽失。结构干预相对最为安全，但成效相对最低，因为这种方式仅指出结构问题但并未提出有针对性的解决方案或可参考实例。

过程干预可以最大限度地提升针对性，也不会使人难堪。

综上所述：

（1）过程干预比内容干预更为妥当。

（2）干预任务过程比干预人际过程更易被接受。

（3）从理论上说，结构干预的效果最为明显，因为它所影响的是稳定循环的固化结构。但由于组织成员对结构存在惯性，因此干预最容易受到抵触；与此同时，结构干预也往往因为过于宽泛和笼统而易被成员误解。

因此，将关注和干预的焦点放在动态任务过程中（客户或团队如何制定目标、如何收集信息、如何解决问题、如何制定决策、如何分工协作等）是最有帮助的。在下面的案例中，我会反复提及干预焦点问题。这个案例会贯穿全书，读者可以了解到足够多的相关背景。

案例：比林斯制造公司——协助构建执行委员会

比林斯制造公司（The Billings Manufacturing Company）是一家规模不大但发展迅速的制造公司，比尔·斯通（Bill Stone）是这家公司的创始人兼总裁。一天，他致电我咨询关于聘用新任人力资源副总裁的建议。三年前，我曾为该公司的15位高层管理者举办过职业发展研讨会，结识了公司的一些高管，与公司前任人力资源副总裁在学校也共事过一年。因此我和这家公司对彼此都有一定的了解。

认知客户。斯通在电话中提到鉴于他本人有非常明确的人力资源管理理念，希望将其持续贯彻执行，因此前任人力资源副总裁在离任时曾建议他邀请某位学术界精英担任该职位。斯通询问我这个想法是否可行，并问我个人或我所认识的教授是否有兴趣。我表示我并不会考虑这个机会，但我愿意和他一起探讨该问题，于是我们约定午餐时间在麻省理工学院碰面，边吃边聊。

在碰面中，斯通回顾了他近期的一些决策：15人的执行委员会未能有效运作，因此他组建了一个小组，包括两位执行副总裁、首席财务官以及一位负责新并购业务的副总裁，他们定期举行会议。该小组是一个更精简和更高效的执行委员会的核心，但他们仍需要一位负责人力资源的副总裁参与，所以近期开始寻觅合适的人选。

斯通和我一起审视了对人力资源副总裁的要求，很显然新执行委员会中的每一位成员对人力资源副总裁的人选都有很大的话语权。我们讨论的结果是我应该参与到新执行委员会的一些会议中，尤其是确定人力资源副总裁职位描述的会议。尽管我尚未明确我是以专家的身份告知他们答案，还是以过程咨询顾问的身份帮助他们，但其他成员也认为我的出席会对他们有所裨益。我也曾想直接询问他们的帮助需求，但思考之后我认为他们目前可能并不确定需要什么样的帮助，而我与他们接触之后，这个问题的答案也就不言自明了。

确定干预焦点。在参加会议的前三个小时中，我提出了很多问题，包括组织的工作重点和组织中的角色分工。我在会议一开始就明确提出了自己的观点，我的角色是帮助团队澄清想法，而不是作为专家告知大家人力资源副总裁应该是什么样的。换句话说，我不会关注任务内容，只会关注任务过程。我还提出，斯通希望我通过参与多次会议，协助打造出一个高效团队，因此可能需要我在干预任务过程之外对人际过程也进行一定的澄清和干预。在了解了这些概念及其区别之后，团队也认可了我的角色。

在讨论初期，我在任务内容和任务过程中频繁切换。我不断引导大家讨论人力资源副总裁在执行委员会中应该扮演的角色，尤其是面对斯通时的角色（这即是对任务内容的干预）。但我会把握抛出问题的时机，尽可能让团队自行提出这个问题。另外，我还尽力按照通用的方式提问，以减少我对任务内容的影响。事实上，我扮演的是识别问题的角色，而这正是该团队所不具备的。同时我也并没有直接告知团队他们缺乏这一能力（直接告知是过程干预的方式），而是通过提问有关任务内容的问题，推动团队研讨向前推进。

例如，我会问："这位人力资源副总裁应该是人力资源体系政策的制定者，还是体系政策的执行者？"该团队一致表示他们需要的是一位架构师。"当出现分歧时，你们是否希望这位副总裁能与你们激烈争辩并能够直面执行委员会经常出现的分歧？"我之所以会如此询问，是因为仅仅15分钟后，我就发现该团队经常出现激烈的争论和对抗，斯通也非常坚持自己的想法。他们的回答是需要一位强有力的对抗者，斯通对此也表示同意。需要注意的是，我并没有把焦点放在组织内接连不断的争论以及斯通的强势个性（人际内容与过程）上，而是将这些融入对任务内容问题的探讨中，这有助于进一步解决问题。

"那你们需要一位有着优秀履历的人力资源专家还是一位有着良好声誉的业务经理？"我注意到该团队对人力资源职能有所轻视，我的专业知识和过往经历会诱使我对任务内容发表建议，我甚至想直接告知他们。但我不必这么做，我可以停留在过程干预层面。我的质疑会引发团队对内容结构问题的关注（他们对于角色有着根深蒂固的理解），他们会快速否定我的看法并对我本人产生怀疑。因此我选择了用这个折中的问题，而他们的回答是希望能够二者兼备。

当团队达成共识时，我就会记录下来，因为该团队并没有记录发言的习惯（这就是一项任务过程干预）。

我不得不定期直接应对任务内容，因为团队会不断迫使我就自己所擅长的领域提供专业知识或发表看法。譬如成员会问我所熟悉的其他公司中从事类似工作的人员类型。显然我无法否认自己在这方面的专业知识，但我并没有根据需求给出具体建议，而是引发他们深入思考，于是我就我所了解的能够胜任该岗位的多种类型的人进行介绍说明，帮助他们开阔视野。

他们还会询问我其他类似公司构建人力资源职能的方式。同样，我不得不再次承认我确实有所涉猎，但我谨慎地提供了许多不同的选择，以免给讨论带来"导向"，也避免与团队成员就"正确"的做法产生争辩。我能够提供信息，但是以提问的方式给出，并说明各个备选方案的利弊。

人际问题显然也不能避免。执行副总裁汤姆·赖利（Tom Riley）显然是团队的意见领袖，也非常咄咄逼人。他经常与斯通争论不休，浪费了讨论的大部分时间。有一位团队成员甚至因为不堪忍受这种争论而有些走神，当然我当时还并不确定他到底是因为听力问题还是因为意愿问题才这样。

当真正的分歧出现时，他们的惯例是举手表决，而不是分析和探讨分歧的原因。我不禁怀疑他们是否做出了决策。这种方式表明团队成员很可能知道斯通会在会后对问题进行重新决策，但我对组织的过往信息了解不足，也不能妄加揣测。

尽管这些问题的提出和讨论能够很快确定人力资源副总裁的选择标准，但在第一次会议中，由于我对公司的情况还不够了解，我不能贸然提出问题进行干预。而在项目后期，我对团队所有成员进行了一对一访谈，在对方同意对"团队运作方式"进行探讨之后，我才在一对一访谈中提出了这些问题。

会议结束时，斯通抄下了我黑板上的全部记录并在内部进行了分发。团队也达成了很多共识，确定了面试候选人的流程。应聘标准将在每位候选人面试时进行校验。我第二次参会的主要议题就是筛选出主要候选人。

些许收获。我对此次会议进行了复盘：当感到团队含糊不清或模棱两可时，我就会通过提问推动团队澄清标准，并校验团队对于标准的共识。通过在黑板上记下会议要点，我帮助团队聚焦主题，帮助他们设计了之后的面试和筛选流程。所有的干预手段都指向任务过程，也部分涉及团队的具体任务内容。我认为他们还没有完全做好准备，因此并没有采取纯粹的过程咨询模型。

案例：管理学术团队——选择合适的干预焦点

在确定干预焦点时，业务经理是否会面临与顾问同样的选择？我可以通过再现我在麻省理工学院斯隆管理学院担任十人学术小组主席时的经历来给出回答。显然，管理者需要设定目标和指标。但我一开始就发现，如果团队没有就工作任务达成充分的共识，则任何实施方案都是无效的。因此，我的首要任务就是设计一系列流程，以确保团队就工作任务达成共识。

我的第一项干预措施是在日常沟通和团队会议中创造机会来讨论优先要项。这些要项包括：

（1）为硕果累累的研究型学者打造配套环境；

（2）开发满足学生需求且能发挥个人所长的课程；

（3）创建招募、聘任和晋升机制，确保当教职出现空缺时我们能够吸引到最优秀的同事；

（4）吸引最优秀的博士加盟团队，帮助他们制定教育和培训计划，帮助他们实现学术成就。

我曾引荐几位新教师加入斯隆管理学院，因此我个人的主要目标之一就是确保他们卓有成效以获得终身教职。在每个领域中，对任务过程的干预都是重中之重。我们需要对会议模式进行改善，并充分整合资金、场地和其他资源，使得学者们可以最大限度地提升产出；与此同时，我们要尽可能地简化行政职能，减少繁文缛节，以留出更多的教学和学术活动时间。

例如，为了提供最佳的秘书服务，我们为每三位教师配备一位秘书，同时我们需要搞清楚为何秘书工作总是超负荷和令人沮丧。我们邀请了高级秘书参与到改善讨论中，通过共同研讨秘书的工作过程，我们发现主要问题在于秘书将大量时间花在往返图书馆和复印室的跑腿中，从而无暇顾及文案工作、电话接听和其他职责。此前我们一直错误地认为秘书的抱怨来自文案工作过多。当意识到问题所在，我们便重新设计了秘书的工作内容，聘请一名学生为所有秘书集中处理资料取送和影印工作，将跑腿工作和文案工作区分开来。通过分析工作过程、对其进行重新设计，我们最终解决了问题。由此我们意识到最初对问题的诊断是不正确的，秘书的工作安排确实出了问题，她们需要帮助。

以过程为导向的另一个案例是电话成本控制。每个月我都会收到一份文档，其中列出了当月所有教员产生的电话费用和号码明细。我很想进一步分析以查看是否有滥用的现象，然而我意识到如果这么做会让我陷入与同事的对抗中，这不仅令人尴尬，更重要的是会分散我们对学术研究的注意力。

从过程咨询的视角对其分析之后，我采取了如下步骤：我请我的秘书不必再把全部账单提交给我，而是按人分类后将账单转交给本人；我告知大家，每位教职人员都要对成本有所控制，而且有数据显示有一些未经授权的费用产生；在随后的一次会议中，我们讨论了对通话进行管控的进一步措施。每个人都报告说在自己的数据中发现了一些可疑问题，我们由此找到了那个未经授权的人，他拨打了超过 200 美元的私人电话。之后通话费用普遍降低了很多。

当出现管理问题时，我都会重申我们的共同目标，然后会将重点放在如何共同设计出更好的流程来实现这些目标上。我很少"做出决策"，因为我始终让每个人了解应该如何做，并达成共识。我的工作是确保我们明确问题，并投入时间和精力来设计解决问题的过程。

当同事或学生向我提问时，我发现最好的方式是对其进行反问，了解他们是如何看待问题的，更加重要的是了解他们已经为解决问题尝试过哪些方式和方法。面对他们提出的问题，我当然会有很多想法，但一旦我诉之于口，则往往会令对方偏离最初的目标。只有坚持任务过程导向，我才能够提供最有效的帮助。当然如果有一些我必须分享给对方的特定信息，毫无疑问，我也会分享出来。

结　语

本章中的大多数案例指向的都是与团队合作的顾问或管理

者。实际上，顾问有时会与客户进行一对一协作，有时会在团队或更大的组织环境中工作，有时甚至会给并没有直接合作的组织提供干预建议。如顾问召集的某些特殊会议或推动一项调研。因此，干预措施不仅需要按照本章讨论的模块进行分类，还需要考虑不同的客户情况（第七章和第十章对各种客户情况进行了详细说明）。

干预措施的合适与否还取决于咨询项目的实施阶段。顾问在各个不同时期（初次与客户建立关系时，与组织内各个团队充分展开合作后，在理解了组织的文化后，在组织内拥有多个客户时）能做和应做的工作内容大不相同。随着对客户系统了解的不断深入，当任务内容和人际内容问题得以有效解决后，顾问可以从任务过程转向其他项目。

02

第二部分

人际过程的简化模型

为了有效帮助他人，顾问和管理者需要了解个体、人与人之间、团队内部、组织之间的运作方式，他们需要了解这些在人类系统中所发生的"过程"。心理学、社会学和人类学等学科对人际过程有着深刻的洞察，但顾问和管理者并不需要接受这些方面的专业培训，顾问和管理者所需要的是实用模型，模型可以简化并揭示这些洞察的本质。

我在第三章中用简化模型说明了"过程"这个概念。在《过程咨询》的早期版本（1969年）中，我提出了很多类似的模型，涉及沟通、团队发展、问题解决和领导力等。这些模型在实践中必不可少，但还远远不够。因此，我在本书中进一步添加了其他模型，对于理解人类系统中的过程至关重要。

为了诊断组织内部的问题，对"现实情况"的深刻洞察不可或缺。为了制定有效的干预措施，顾问和管理者必须通过培训和历练掌握干预技巧，从而有所洞察。相较于正规培训，干预技能的获取更多地来自观察和实践，以及对行动和结果的反思。然而，只有理解所要捕捉的内容，掌握分析的方式，才能有效地观察，因此顾问与管理者必须熟知本部分将要讨论的模型。

诊断模型的提出并不意味着在每段协助关系中在实施干预之前都必须有一个诊断过程。虽然很多咨询模型都将诊断作为干预前的独立步骤，但这种先后顺序往往是对现实的扭曲。实际上，干预早在初次与客户接触时就已经展开。不过，人们还是需要心理诊断模型来预测和解读与客户或下属的最初互动。诊断转瞬即逝却又影响深远，每一次干预也同样如此。简化模型即是将瞬时过程作为目标，帮助干预者来预测和破译与客户的初期互动，并为干预者提供思考干预措施的方法。

第四章

剖析内在心理过程：ORJI 模型

对顾问和管理者而言，最为重要的是了解自身的想法。只有意识到并正确认知自身情感中的偏见、冲动和意识扭曲，我们才能有效判断自己的行动和干预措施，是真的基于对现实的理解还是仅仅出于自我表达或自我保护的需求。

人类的神经系统集成了信息收集、数据处理和决策应对的功能，想要理解内在心理过程并分析其对外在行为的影响，这个过程非常复杂。因此我们需要建立一个简化的过程模型。即：

（1）O（Observation）：我们通过观察收集信息；

（2）R（Reaction）：对所观察到的事情做出情绪反应；

（3）J（Judgment）：根据观察和感受进行分析、判断和处理；

（4）I（Intervention）：为实现某些预期目的，我们通过外在行为实施干预。

我们将内在心理过程简化为如图 4-1 所示的循环模型。虽然真正的内在心理过程绝非如此简单，也没有如此强的逻辑顺序，但这个模型有助于我们对复杂的内在心理活动进行分析，反思曾经遇到的陷阱，以及对我们所实施的干预措施的影响。

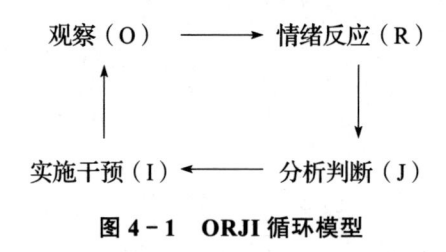

观察（O） ⟶ 情绪反应（R）

↑ ↓

实施干预（I） ⟵ 分析判断（J）

图 4-1　ORJI 循环模型

观察（O）

观察是指我们通过全部感官对外界环境进行感知的如实记录。然而，我们的神经系统会基于个人的过往经历，主动"筛选和过滤"扑面而来的大量信息。我们对"希望发生"或"预期发生"的信息接收更多一些，而对那些不符合预期、不希望发生或存在主观偏见的信息进行屏蔽。我们并不是被动地接收信息，而是从可选信息中主动挑选我们所需要的。

精神分析论向我们展示了感知扭曲的严重程度。自我防卫效应（拒绝承认某些符合自身情况但不愿接收的信息）和投射效应（根据自己的想法和情感解读他人的行为）可能就是最明显的例子。为了保证客观，我们尽量避免感知系统最初的扭曲。

难点在于我们需要学会如何不跟随"预判"行动、了解自身的防御机制、屏蔽"个人期望"和"先入为主"以感知更多现实情况。一些心理学家将这种认知扭曲与左右脑的功能联系起来，认为左脑的"批判性"是导致这些扭曲的原因。很多绘画老师也认同这个理论——画得不好是因为没有真正看到我们所描绘的事物，而是仅仅绘出了它们在我们心目中的印象。学会观察之后，我们才能了解 ORJI 循环中的其他陷阱。

反应（R）

情绪反应的难点在于我们可能并没有意识到情绪的存在，我们否认这些情绪或将其视为理所当然，于是跳过这些情绪就直接做出判断或采取措施。我们可能的情绪包括焦虑、愤怒、内疚、尴尬、喜悦、好斗或兴奋，但除非别人询问我们感觉如何，或是我们静下心来进行反思，否则我们可能并不会意识到这种情绪对决策的影响。

情绪伴随着生活中的每时每刻，我们从小就被告知应该管理和控制好个人情绪。随着对性别角色、职业角色的认知和了解的不断深入，待我们逐步融入某种特定的社会文化之后，我们进一步理解了哪些情绪容易为人所接受，哪些情绪会被拒之门外；何时适合表达感受，何时并不适合；什么时候加入情绪可以锦上添花，什么时候会成为败笔。

在主流文化中，我们知道情绪会导致认知扭曲，我们也知道不应该被情绪所左右而意气用事。然而讽刺的是，我们往往还是无意识地根据感觉决策行事，同时还自欺欺人地狡辩——自己进行了谨慎的分析判断。未知的因素让我们难以进行管理和控制。

如果我们能够识别出自己的真实感受以及引发这种感受的原因，就可以选择是否在决策中加入情感因素；然而如果对感受及其产生的原因一无所知，我们往往会为其所累。冲动本身并不是问题，不假思索的盲目行动才是我们陷入困境的原因。

判断（J）

处理数据、分析信息、评估方案和决策判断，正是这种在行动之前进行分析的能力使得人类能够规划复杂的行为，并能够制定长达数年的行动计划，最终实现长远目标。未雨绸缪、按照计划采取行动是人类智慧结晶中最为重要的部分。

雅克（Jaques）认为可以给予不同层级的管理者不同时间长度的自主权。基层员工只能拥有分钟级、小时级、最长数天的自主权，基层管理者的自主权可以从几天到几周，而高层管理者的自主权可以长达数月甚至数年。

基于数据进行逻辑推理固然非常关键，数据本身的正确性也十分重要。首先，如果我们不能正确理解原始数据，又或是因为自己的情感扭曲了这些数据，我们的分析和判断就会出现瑕疵。其次，如果我们在数据信息收集方式上存在偏差或偏见，那么无论我们随后进行多么复杂的计划和分析都会出现问题。最后，如果我们有意识或无意识地让自己的情绪反应主导了推理过程，分析也就不再有意义。即使在最理想情况下，我们的理性也会受到限制甚至会出现一些系统性的认知错误，这一点已经被西蒙（Simon）、特沃斯基（Tversky）、卡尼曼（Kahneman）、尼斯贝特（Nisbett）和罗斯（Ross）的研究所证实。所以我们必须尽量减少对原始数据导入过程中的扭曲。

这一心理过程的最常见例子是我们受到攻击或处于不利位置，由此感到不安。假设我与同事们正在开会，我发现团队中的一位成员史蒂夫总是在会议上诋毁我或反对我的观点。我刚提出自己的一个观点，他马上就会针对这个观点发表自己的意见。这个案例的 ORJI 循环展示如下：

观察：史蒂夫通过反驳我的观点来攻击我（然而我可能没有意识到，我把史蒂夫的观点看作反驳是因为我认为他会反驳我，而我将这些反驳视为他对我的攻击也是因为我认为他会攻击我）。

反应：当别人不认同我的观点或是抨击我时，我非常愤怒，我觉得自己应该立即进行反击并清楚地表明我的立场（然而我可能没有意识到，我愤怒的情绪反应可能并不是基于史蒂夫的真正动机，而是我自己赋予他的动机）。

判断：我断定史蒂夫是想在这个组织中和我争权夺位，我不能让他打败我，我必须坚持到底来捍卫自己的立场和地位（这一系列看似合乎逻辑的推理起源于我的初步理解和情绪反应，但我自己并未意识到这一点）。如果我在此基础上采取措施，我可能是正确的，也可能是完全错误的，因为我并不确定我的初步观察是否正确。

使用 ORJI 循环进行反思时经常会发现，我们的判断是合乎逻辑的，然而判断所依据的"事实"可能是不准确的，因此最终的结果可能缺乏合理性。这个循环中最容易出错的就是第一步，在观察阶段，我们往往戴着"有色眼镜"或是草率做出了判断，而没有集中精力尽可能地了解实际情况。

干预（I）

一旦做出决策判断，我们就会采取行动。然而"判断"只是我们应对情绪冲动后的一个"决定"而已。如果我们没有意识到这一点，是非常危险的。换句话说，当依照本能反应意气用事时，我们看起来已经绕过了理性决策过程。但实际上，我们并没有绕过理性决策过程，只是太过于相信初步观察和对观察情况的情绪反应。

本能反应并不是让我们陷入困境的原因，基于不正确数据的本能反应才是。当他人对我进行言语攻击时，我立刻反唇相讥，这有可能是一个合理而有效的干预措施。但如果我的理解出现错误，对方并没有攻击我的意图，我的反击就会显得我是在故意挑衅甚至会造成沟通障碍。

当我们言及某人总是意气用事而不是理智行事时，通常认为他的行为不合时宜，但我们并不掌握任何信息可以解释他为什么这么做。而当我们后期对他进行访谈时，经常会发现从这个人的视角来看，他的行为是完全理性和合乎逻辑的，这个人完全是基于他所观察到的事物做出了恰当的反应。我们认为他的行为不合时宜，并不是因为他没有逻辑，而是他从一开始就观察到了不正确的信息。

我们所推动的高管发展项目中的一位高级管理人员给我提供了关于上述论断的一个鲜明事例：

爸爸（这位高管）正在认真准备第二天一早的金融考试，他把自己关在书房中，并要求他六岁的孩子不要去打搅他。半个小时之后，孩子出现在了门口，打断了父亲的工作。父亲认为自己已经向孩子提出了要求，但"观察"到孩子并没有遵从，因此大发雷霆（反应）。他认为自己生气是完全正确的（判断），于是向孩子大吼大叫以示惩罚（干预）。

随后，他发现孩子非常沮丧，看到他就远远躲开了（观察），这些反应远远超出了他的预期，这些新的发现引发了他的不安、关注和焦虑（反应），他进而做出判断（判断），希望找到原因。他决定询问妻子（干预）。而这些问题完成了第二个 ORJI 循环。

父亲终于得知孩子出现在书房门口是因为妈妈让他来问一下爸爸是否需要一杯咖啡提神，并向爸爸说晚安（新的观察）。听到这个回答，父亲非常内疚，并为自己的发怒而感到羞愧（反应）。他做出判断，认为自己之前的武断行为是错误的（判断），于是他决定向孩子道歉，希望与孩子重归于好（干预）。

更重要的是，当父亲意识到他误解了孩子并导致不恰当的干预后，他可以从中吸取教训，以便日后更加小心谨慎——在意气用事之前审查自己对现实的观察是否准确。因为情绪并不是平白无故发生的，它来自我们的感知。如果能够对我们所感知到的情况进行审查，也就可以通过这个（审查）过程来控制我们的情绪。

更具象化的 ORJI 循环

如果结合上文中所讨论的内容，通过将 ORJI 循环绘制得更加具象化，我们大概可以得到诸如图 4-2 的结论。根据图 4-2，我们可以对 ORJI 循环中所涉及的各种陷阱进行归纳：

陷阱 1：**误解**。由于存在偏见、期望、自我防卫心理，或是错误归因，我们未能准确理解发生了什么事情以及为何会发生。

陷阱 2：**不恰当的情绪反应**。错误理解实际情况或其发生原因，在未能掌握实际情况下就"放纵"自己意气用事。

陷阱 3：**基于错误信息进行分析和判断**。只有当我们的观察和情绪反应是正确的时候，我们才能进行合理推理。而错误的输入信息必将导致错误的推理结果。

陷阱 4：根据看似正确实则错误的判断实施干预。如果没有反思和审查整个过程，没有审查我们的观察和情绪是否正确合理，就会贸然展开行动。看似合乎逻辑的行为却可能导致情况变得更糟。

```
ORJI循环

        外部事件
           │
    ┌──────┼──────┐
    │ 期望、预期 │
    └──────┬──────┘      ②
       ①   ▼
       观察（O） ──────→ 反应（R）
      （直觉、感知、描述） （感受、情绪、反应）
           │                │
         ④ │    ③           │
           ▼                ▼
        干预（I） ←────── 判断（J）
      （决断、决策、行动）（认知、分析、评估）
           │
           ▼
        新外部事件
```

目标：
1. 学会探究自己内心的观察、反应、判断、行动（干预）的冲动；
2. 能够识别和应对这些过程中的偏见。

陷阱：
① 误解；
② 不恰当的情绪反应；
③ 基于错误信息的分析；
④ 基于错误信息的干预。

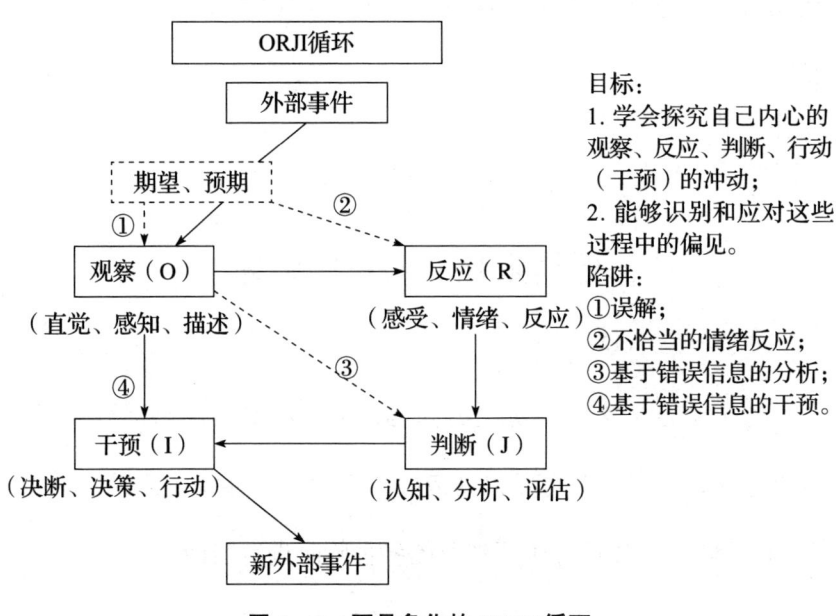

图 4-2　更具象化的 ORJI 循环

避免 ORJI 循环中的陷阱

内在心理过程中的陷阱往往才是导致沟通中断、感情破坏和关系受损的原因，而并非一定是因为恶意或刻意为之。无论是管理者与员工、顾问与客户，还是组织内员工之间的相处，都需要高度警惕这些陷阱，并学会规避或纠正这些陷阱的方法。

识别可能造成误解的缘由

造成误解的缘由可以分成至少三大类：

文化假设。在不同文化环境中，相同的行为举措可能意味着不同的含义。某些组织文化中会允许成员对公司决策提出质疑，而另一些组织会强调成员在公开场合必须服从高层管理者。而作为顾问，如果基于自己原有的文化假设对这种特定组织中的行为进行解读就很容易造成误解，进而做出不恰当的反应和干预。

个人防卫心理或偏见。根据我过往的咨询经验，我可能会因为自己的防卫心理或偏见，把咨询活动中某人的一些行为误认为暗含某些特殊意图。譬如，我可能将其他人的不同意见视为对我的攻击，也可能将他人的沉默视为同意。我之所以会这么想正是因为我需要这么认为。作为顾问，我有必要找出个人观念中存在的系统性偏见，因此我需要对自己的行为进行一段时间的观察并邀请他人给予矫正性反馈。一旦了解了这些偏见，我就能够在做出反应之前小心检查从而来规避它们。

过往经历的情境期望。如果我反复遇到某种情境或某个人，我就有可能会凭经验判断事情的发展历程和结果。在这种情况下，产生误解正是因为过往的经验。然而想要消除或忽略自身过往经验积累的影响是最为困难的。作为一名合格的顾问，我必须尽可能客观，并且坚信人与事都会发生改变。因此即使我事先"知道"可能会发生什么，我也必须静观其变。

识别个人情绪偏见

如果我对某些事物的认知存在特定的好恶，那么我首先要能够知道这种偏见的存在，然后才能在特定的咨询环境中采取对应的规避措施。例如当客户挑战我的观点或是告知我出现了错误时，我可能采取自我防御反应——发怒。显然这就是一种偏见，我必须控制或修正这种情绪反应，尤其是我的理性判断会告诉我，争论和愤怒于事无补。

然而，并不是说自我防卫和火冒三丈就是错误的，在某些时候这确实是有效的反应。为了能够在特定情境下做出有效决策并采取措施，我们必须了解自身存在的偏见。

识别判断和推理中的文化假设

推理和判断也会受到文化的影响。文化蕴含了一些前提假设，它会引导我们如何推理、如何从数据中得出结论。如果对这些假设一无所知，那么即使在我们看来推理过程无可挑剔，但在其他人看来也可能大错特错。

对于时间和地点的文化假设是最容易出现问题的地方。例如，我希望和客户进行"私人"会谈，在我的文化环境中，我们只要在某个办公大楼中找到一个安静的角落，就可以保障隐私。而我的客户却可能将其理解为必须只有我们两个人，完全不受其他任何人影响的密闭空间才能确保隐私。我如果不能理解他对隐私的定义，就可能无法理解他为什么对在开放的办公室环境中交流隐私会感到如此不安。

又譬如，在我的文化环境中，守时既是效率的象征，也代表了对对方繁忙工作的尊重。如果我的客户让我等待超过15分钟，我就会有不被尊重的感觉。然而，在客户的文化环境中，迟到15分钟并不算什么。在他的认知中，我们的会面让接下来预约的人都进行长时间的等待，正是对我们会面表示尊重的方式。

这种跨文化差异的陷阱比比皆是，而且不易察觉，因此我也曾经怀疑跨文化的过程咨询是否能够真正实现。例如，我曾经在墨西哥为某家银行的两个部门（甲和乙）组织了一次研讨会。其中甲部门的管理者是我的客户，他邀请我介绍了几种组织发展的干预手段。我介绍了一个关于部门之间合作的小练习，请每个部门都为自己和对方定位。随后我的客户和乙部门的管理者都请我进行示范。我的推断是他们希望通过我的示范来更加了解这个工具。然而我却没有意识到他们其实是想借助这个工具来解决他们两个部门之间的重大问题。

这个示范练习暴露了甲部门的员工对他们的领导非常不满，当这个事实被公开揭示之后，乙部门的管理者趁机提出要接管甲部门的许多职责。双方发生了激烈的争执，他们不再遵守会议中用英语交流的协定，双方用西班牙语吵了起来，我也失去了对整个会议的管控。这个练习让我的客户既丢了面子又失去了权力。我这才意识到当他们提出要求示范练习时，我完全误解了他们的动机，而此时已经为时晚矣。

制定系统的检查流程

规避陷阱最重要的方式就是尽己所能来检验自己的观察、反应和推理是否正确。在实施干预、交流观察情况、向客户反馈结果之前，我们应该多提问、多观察。

沉默干预。保持沉默并且积极观察进展，这往往是人们最有效的干预措施之一。看起来保持沉默并没有施加干预，但实际上这能够有效地降低误解、做出不良情绪反应以及带有偏见的判断的风险。当我们保持沉默，所见所闻往往揭示了更重要的信息，以便我们能够做出更有效的回应。在前文提到的案例中，父亲只需要再多等几秒钟就会发现孩子只是过来道个晚安并询问是否需要咖啡。

持续探究。避免落入陷阱的最佳防护措施就是不断探究，也就是向对方表达想要了解实际情况的需求、愿意倾听并给出帮助的意愿，而不是在没有搞清楚情况之前就表明立场、表达感受。与过程咨询模型相比，在专家模型和医患关系模型中，顾问会较少关注探寻实际情况，更多地是在引导受助者找到一个既定的正确答案；而在过程咨询模型中，顾问则认为只有受助者自己才能真正解决问题，因此使用这个模型的顾问和管理者都应该安心扮演探究者的角色，从长远来看，只有这种方式才能形成最佳的解决方案。

案例：采用 ORJI 模型分析艾伦金融服务公司

在这个案例中应用 ORJI 模型需要考虑两个层面的问题。我作为顾问可能存在哪些偏见？我的客户弗雷德·罗尔斯顿在管理其事业部时可能存在哪些偏见？从我自身的行为来看，与罗尔斯顿最初接触时我就对他就套用了刻板印象，自认为了解他所在部门的问题，并从人事经理瑞安和其他人口中求证假设。我最难观察的是罗尔斯顿在事业部内的实际影响，因为他对我产生了很大的情绪影响。

尤其是，我注意到罗尔斯顿常常过度解释，就是三番五次告诉我同一件事情或是解释过多细节。我常常感觉受到侮辱却不得不压抑愤怒的情绪。我推断出他的下属肯定也有类似感受，却忽视了他们对此行为产生截然不同反应的可能性。我告诫自己在与员工交流之前必须停止判断和评估，保持探究的态度。客户告诉我有关员工的信息可能是真实的，尤其是他们需要接受培训和手把手的指导这一点，我不得不慎重考虑。

转而分析罗尔斯顿，我很容易观察到他的过度劳累、挫败感，以及为试图掌控困境而做出的努力。我如果能了解他的感受并不再主观判断他的影响，就能更好地扮演观察者和探究者的角色，将主观判断的影响降到最低。

对客户的假设。为了对罗尔斯顿所负责的业务单元的情况进行分析，我对罗尔斯顿脑海中的ORJI循环进行了一些假设。当然，这仅仅是推测。根据他对项目实施中所遇到困难的描述，我推测他的主要问题源于他对身边事物的错误观察。他很容易根据自己的经验来进行预判，这使他不能发现或正确理解下属提供的信息。例如，他既没有看到推进项目所花费的精力，也没有看到完成各项指标所需的时间。而当下属没有遵从他的建议时，他就会错误地将其归因于员工的积极性不高。

我经常感到罗尔斯顿因为下属没有按照计划开展工作而愤怒不已，但我们一起进行分析就会发现他对于事情的观察和认知出现了问题。他把下属都当成了小孩子，将下属的解释当作不守规矩的孩子寻找的借口，因而不能正确认识到员工确实无法完成他所交办的所有任务。

我多次向罗尔斯顿提出了这一点，但从他的反应中我不能确定他是否真正理解。他确实表示他对下属有很强的信心，并对他们期望很高，他更多地会按照理想而不是根据现实情况来评价下属。至于罗尔斯顿如何利用ORJI循环对行为进行分析从而来了解自身真实感受，我们并没有足够的时间进行探讨，但相信他能够从中获益。

后来，罗尔斯顿因另一项任务被借调而长期离开该事业部，他开始发现即使没有他的指导，他的团队也能够认真负责地完成降低成本的指标，同时有序推进其他项目。他这才逐渐学会更好地观察团队中所发生的事情。这有助于他避免过早判断和冲动行事的陷阱。

结　语

如果顾问希望能够有所帮助，就必须要施加干预。为了让干预手段更加恰当和有效，必须准确观察，做出合理的情绪反应，并对客户的表现及其内在动机进行合理的推断。所有这一切都要求顾问具备一定的自我洞察力，这种洞察力并不是与生俱来的，习得洞察力有赖于我们对自身及客户的不断探索和练习。

在课堂上，我经常要求学生按照 ORJI 循环顺序将日常生活中发生的琐事记录在一张白纸上。学生们最初很困惑，感到无从下手，因为他们不太习惯将这个连续过程分开。然而通过一系列实践，他们将观察、反应、判断和干预这些概念进行澄清和区分，这不仅提升了他们的观察能力，而且对于避免预判和采取不当措施也极有帮助。

第五章

人际关系中的文化规则

在跨文化场景中,无论是管理者实施有效管理还是顾问提供有效帮助都很难,只有管理者和顾问对所涉及的两种文化有深入了解才有可能完成这一任务。此外,管理者和顾问还需要深入了解组织文化,只有这样才能在提供帮助时有所依仗。扎根于某一文化在跨文化情境中会步履维艰,但在本文化内部系统的交流中则大有裨益。当然,真正理解并解读文化也绝非易事。

人际互动中的规律性和可预测性主要来自我们在文化中所习得的与人交往的规律。每个社会都会制定规则来确保社会成员的生活安全和行为可预测,这些规则的强大力量在于帮助我们摆脱对不确定和不可预测的严重焦虑。当我们审视这些规则时,会发现它们保护了我们每个人的社会自我，这些规则让我们的内心获得安全感。

为了能够理解我们所处社会中互动沟通的文化规则，需要反思我们是如何通过语言表达实际情形的。譬如机智、镇定、尊重、风度、羞辱、尴尬、保住或丢失面子等词语是什么意思？为什么我们把社交活动或事件比喻为"（戏剧）场景"，而将其中各人的表现评价为是否扮演好自己的"角色"？为什么我们会说"上当受骗"或是需要"留心"某人？为什么我们会说需要给予某人"回报"？

我们所使用的语言揭示了最能诠释人际互动的两种简化模型，一种是社会经济学，另一种则是表演和戏剧。当我们在经历人生的各阶段"舞台"时，会逐步了解如何成为一名得体的"演员"或"观众"。我们会学会什么样的人际交往才是"公平"的。是否"得体"和是否"公平"在很大程度上决定了我们的情绪反应。

对于咨询顾问和管理者来说，这一事实表明他们必须在文化规则允许的范围内来提供帮助。不同文化对协助行为有不同的定义。因此协助者想要能够有所作为就必须对当地的文化进行深入了解。接下来，让我们更加细致地研究这些模型。

沟通中的对等原则

我们从小就被教育人际交往应该是互惠互利的。别人对我们说话，我们应该聚精会神；别人赠送礼物，我们要表示感谢；如果有人羞辱我们，我们要辩护或反击。我们也应该知道如何礼尚往来是合理的、是恰如其分的。正如我们在传达重要信息时，我们会期待他人"更加"聚精会神，而听众如果心不在焉，我们就会因为对方不够专注而恼火。同样地，当赠送给对方精美礼物或是成功举办了一次盛大招待，我们希望对方能表示谢意，而如果对方毫无表示，我们会因此感到沮丧。在受到他人侮辱却无法为自己辩护时，我们会感到伤心、难过甚至想要报复。我们在某段感情中投入了很多，对方却弃之如敝屣，我们会认为自己受到了欺骗和伤害，从而怒不可遏。

这些反应说明了我们对于公平合理的人际互动有着清晰的认知，这些认知是我们在成长过程中潜移默化积累而成的。我们会对事情的结果产生自然感知。如果事情公平合理，我们会认为一切如常；如果认为存在不公平，就会本能地感到不对劲和不满。

等级地位悬殊的人际互动会产生其他规则。这些规则教会我们如何对上级表达尊重和对下属保持风度。下属应该在上级走进房间时起立致意；请示询问而不是断言决策；保持顺从的姿态，服从上级的命令；专心倾听，不要打断上级，在公开场合对上级的决定表示支持而非提出质疑。

相应地，上级必须掌控局面：下达明确的指令以便员工遵守和妥善执行；保持平易近人的姿态，切忌焦躁不安或自我辩护；把握正确的方向而不要让认同自己的追随者们感到难堪；下属可以失去冷静，上级必须保持沉着；下属可以偶尔犯错或举止不当，上级必须在公共场合应对得体。上级级别越高，在公共场合无论举止、穿着还是其他行为就越应该符合人们的期望。因此，高层领导者必须谨慎打理好他们的公众形象，以免让下属"大失所望"而感到上当受骗。

协助关系中的对等原则

在我们的社会观念中，自力更生至关重要，而寻求他人帮助打破了这种最初的平衡。客户因为求助而变得"低人一等"，协助者如果没有意识到这一点就会让两者关系变得岌岌可危。具体而言，如果提供帮助的顾问或管理者没有尽力让关系恢复对等，可能会迫使客户想方设法寻求平衡。客户最常见的方式是在心理上拒绝协助者及其帮助，如指责协助者给出的建议偏离主题、愚不可及、对实际情况一无所知，或是用其他方式证明协助者的无能。在这种情况下，客户并没有得到帮助，但如果他能说服自己协助者也无法胜任，内心会感到些许安慰。

专家模型之所以不如过程咨询模型奏效，原因之一就在于，一旦专家模型奏效，客户不仅因为寻求帮助而提高了协助者的地位，而且在协助者给出解决方案之后不得不给出赞誉从而进一步加大了不平等。因此即使客户接受了解决方案并意识到方案的有效性，客户也不一定会将其归功于协助者。他可能会将解决方案"改头换面"，将成功归功于自己的智慧从而重获"掌控全局"的感觉。所以，当某人改造我们的建议时，我们也不用过于惊讶。对文化中对等规则的理解让我们能够预见对方的反应。

过程咨询能够避免上述情况的发生，原因是协助者最初就表达了帮助客户自己解决问题的意愿，从而能够保证双方关系的平衡。过程咨询顾问表现出对客户的关心和兴趣，让客户感到被关注；通过认真分析问题，顾问帮助客户意识到出现问题并不是因为能力不足；通过倾听表达了对客户的尊重；通过将掌控权交给客户，让客户获得了对等的地位。

与客户初步建立关系时，最重要的就是让客户确信他之所以遇到该问题，绝不是因为他能力不足，当然这些问题也不能等闲视之。对客户陈述的一切内容，顾问都应该给予足够的重视，但千万不要过早给出建议，也不要接管客户的问题。确切地说，顾问的目标就是帮助客户恢复应有的地位，通过帮助客户诊断并解决自身问题从而建立信心，最终达到新的平衡。

人生如戏

交际规则和对等原则并不能简单地适用于所有场景。相反，我们从孩提时代起就开始学习在不同场景中扮演不同角色，交际规则和对等原则会随着这些不同的特定场景和角色而略有侧重。人类所具备的一项令人叹服的能力就是可以记住如此之多的"场景脚本"，每当我们进入不同的社交场景时，大脑会自动切换以匹配相应的角色。

协助亦如戏

咨询和协助的复杂性在于"协助"并没有固定的模式和方法。对于"协助"而言，其定义和概念数不胜数，因为对是否得到帮助的定义取决于观众（客户）的反应而非编剧和演员（顾问）。换句话说，客户会认定顾问和管理者是否起到了帮助作用，而不是由顾问和管理者来认定是否提供了帮助。因此，有想法的协助者会基于受众和客户的反馈信息来及时调整自身的帮助行为，他们随时准备改写"脚本"。

管理者和顾问在给予帮助时当然会有一些通用原则和方法，但在具体运用时，他们必须具备创新精神。协助是一门艺术，而不是一门科学。同所有艺术一样，由个体艺术家引入的美学元素必须与设计、色彩、和谐等方面的基本原则保持一致。帮助更像是一场即兴表演而非正式戏剧，不仅需要表演基本功和对观众反应的敏锐观察，还需要保持率性，具备灵活应对的技巧。

如果暂时抛开这些通用的社会定义，检查协助者与客户之间的关系，我们会发现协助过程是一出极其复杂的互惠式戏剧。演员是求助者（客户），而观众是潜在的协助者。客户希望通过舞台展示自身的问题，并希望能够得到帮助以解决问题，而协助者则在台下倾听。

一旦客户说完了自己的台词，就希望协助者能够登上舞台，继续表演。这就是我们所说的"角色引力"，它往往会诱使我们迅速进入专家或医生的角色。然而客户可能并不知道我们扮演医生和专家时会说些什么，通常来说他不会喜欢，并会因此产生抵触情绪，最终使协助关系化为泡影。

协助者如果能持续运用过程咨询模型，结果将截然不同。在过程咨询模型下，顾问并不会上台表演，而是扮演了一个场外导演的角色。顾问会帮助客户继续在舞台中央表演，通过强制推动或循循善诱让客户自己解决问题。协助者扮演观众或导演的角色，饶有兴趣地观察并提供有效的支持。因此，如何设置正确的场景并有效管理表演过程以达到理想的结果，是人们成为高效的管理者和顾问必须学习的一项关键技能。与此同时，他们必须遵从上文所述的互动中的文化规则。

例如，当客户陈述完他的戏剧故事，询问我"埃德（Ed），如果你是我，你会怎么做？"我能提供的最有效的回答就是："嗯，这听起来确实很难。告诉我到目前为止你已经做了什么，或者你认为你可以再做点什么。"如果客户坚持要求我给出建议，我会说："如果我处于你的情境中，我会采取以下措施：1、2、3，你认为这些措施可行吗？"

人之神性：脸面

人际关系取决于多方的合作，应该尽量满足各方的需求，这是文化假设中的一个核心理念。戏剧强调演员和观众之间保持对等，然而这需要双方使用某种衡量方法来度量人际互动中的"价值"。人际互动中的价值可以这样度量：外界认知的社会角色与地位所允许的范围内某个特定个体声称的地位。在特定环境中，我们所声称的价值取决于制度条件、身份地位和特定角色的动机。观众们的反应能够验证价值是否准确。

"面子"就是个人在特定情境和角色情况下所主张的社会价值。在具体情境中，个人在互动交往早期就会通过语言传递这些主张，而在这样的情况下，作为观众的其他人就会感到有义务帮助他维护这些主张。维护该主张的意愿和能力取决于该人所声称的脸面是否与社会赋予这个人的地位和权力相匹配。

譬如，我对你说："我们来聊聊我前几天遇到的有趣事情吧。"你应该聚精会神，做好准备。一旦我开始讲述，通过我的语音语调、肢体语言或措辞暗示，当你应该有所反应时，你就应该哈哈大笑。如果这件事情确实很有趣，这个过程会非常顺畅。而如果事情并非如此，或者你认为非常无聊或感到被冒犯，这时候你就会发现自己进入了戈夫曼（Goffman）所定义的维系"脸面工作"的抉择中。

"维系脸面"是我们不得不做的事情，文化规则要求我们即使出现令人失望的交际过程，从长远出发，我们也应该保持自我形象并维护彼此的关系。所以，即使我的故事非常无聊，按照文化规则你也应该专心致志并保持笑容。如果你眉头紧锁并抱怨这个故事既无趣又无聊，没有维护我的主张，我就会"丢失脸面"。

在抱怨的那一瞬间，你表明了我在社交活动中的社会价值小于我的主张，我就会认为你是在羞辱我。因此，我的工作是努力把故事讲得有趣，让你更能保证我的脸面；而你，即使我夸大其词，也不应该当众羞辱我，而应该假装有趣并竭力协助维护我的主张。

我们每天都在经历着成百上千的类似情况，不断提出主张并尽量维护别人的主张。我们在背后也许会反复强调自己受到了欺骗或背叛、讨厌他人的某个行为、认为他人自作自受或对他人十分失望等，然而我们在与其会面的时候却会谨慎地掩饰这些情绪。

事实上，我们在了解和掌握文化的过程中就包含了学习这些常见的情绪应对方式，所以在社会舞台上我们可以自然而然地完成大部分"脸面工作"——我们称之为优雅、得体、有风度或有礼貌。我们的感受内容和方式与情境息息相关，所以在很多时候我们并没有意识到本能反应和真实感受之间的差异。

通常我们会帮别人维系面子，哪怕他们夸大了自己的身份或能力，即所谓的"摆架子"或"装腔作势"，我们也不会拆穿他们——打破他们的幻想或用其他方式让他们难堪。但如果这个人三番五次地出现这种行为，譬如有人老是像老板一样对同事颐指气使，我们会尽量疏远他，避免与他打交道。我们很少会当面痛斥他，至少不会在公众场合令其难堪。

维系"脸面工作"的最根本原因在于我们每个人都需要稳定的社会自我,并为人所接受,否则生活将变得不可预测、岌岌可危,而社会也会因此坍塌。人类社会的本质蕴含了彼此之间维系社会自我的隐性契约。从这个意义来说,每个人都神圣不可侵犯,故意损害他人脸面无疑是谋杀了某人的社会自我,如果我可以这么做,也就意味着对方可以针锋相对、以牙还牙,这会导致整个正常社会形态的覆灭。

刻意破坏他人脸面能够被认可的唯一条件是,在社会化过程中,必须要放弃自我,重塑自我。例如,我们在组织之间轮岗或在不同身份状态之间切换,在适应新角色的过程中需要忍受很多刻意安排的磨炼和考验。然而,损害脸面的情况仅仅允许发生在这些过程中,而且只有父母、导师、教练、教官或其他合规的"变革推动者"才有权"破坏"他人脸面。

协助关系中的"面子"问题

脸面与咨询、协助关系有什么关联呢?大有关联。对于一个存在问题的人来说,协助者通过某种方式表明或暗示这个问题其实微不足道,言下之意是这个人实在无能或缺乏毅力,这是一个莫大的侮辱。客户在承认自身存在问题时放下了脸面,向别人暴露自己其实没有想象中那么能干。承认自身的社会价值有限会让客户变得脆弱，并感到"低人一等"。

正是由于这个原因，潜在客户往往不愿意暴露他们真正的问题，他们会否认问题的存在，声称一切都在掌握之中，他们还会通过其他方式来检验协助者是否能够感同身受、是否值得信任。正如协助者反复学到的一样，只有通过大量倾听、持续支持，才有可能发现并解决真正的问题。从这个角度来看，客户的这种反应是正常的，也在意料之中，协助者必须做好接受这些反应的准备。

而如果协助者表现出不耐烦、暗暗嘲笑客户过于愚蠢而无法解决问题，又或是因客户出现问题而勃然大怒，这本质上是以种种方式羞辱客户，使客户失去了面子。在"脸面"文化规则下，这同样给了客户因为受到羞辱和丢了面子而表达愤怒的机会，客户甚至会认为自己有权不择手段地进行报复。于是乎，报复、重新获得平等关系成为首要问题，而要解决的问题却只能被搁置一边。

协助者和客户的反应都是无意识的，因为文化规则已经深入骨髓，形成了下意识的本能反应。如果客户被羞辱，他们很可能会认为顾问的建议荒谬可笑、偏离主题；或他会以各种理由告知顾问方案不可行。客户可能没有意识到，他这么做的原因并不是真的认为顾问建议的解决方案是无效的，而只是受到侮辱后愤愤不平的报复罢了。

在管理关系中，我们格外需要把握好尊重和风度。上级如果很轻易地羞辱下属，事后感受到下属的不满自然也就不足为奇；同样地，让上司失掉面子的下属也很有可能被上司"穿小鞋"，譬如承担某些"脏活累活"、失去晋升机会或受到言语攻击等各种形式的处罚。

在协助过程中，采用专家模型和医患关系模型将大大增加让客户感到受辱和丢失面子的风险。这些情况也曾多次发生在我的咨询诊断过程中，当我给出建议时，如果客户曾经有过类似想法却被客户自己否定了，当我此刻再次提出时，客户可能会认为我在轻视他们，甚至认为我觉得他们愚蠢——连这样的解决方案都想不到。

因此，从过程咨询模型开始会更有帮助，因为按照过程咨询理念顾问会假设客户有能力帮助他自己解决问题，而且已经思考过一些改进方案。顾问在提供建议之前需要思考的关键问题是客户可能已经思考和尝试了哪些方式。

而当协助者传递出的信息是"你的确面临一些问题，但我相信你能够自己解决，需要的时候我还可以协助你"，这种方式实际上是肯定了客户的能力和价值，这样就保全了客户的面子，也暗示客户他们所遇到的问题并不稀奇。我早期常用的一个干预手段是列举一些我曾经遇到的类似案例，这既能够检验我是否正确理解了客户的意图，也暗示客户他的问题既不特别也无须为此羞愧。

案例：艾伦金融服务公司和比林斯制造公司的"面子机制"

艾伦金融服务公司的事业部总经理罗尔斯顿和比林斯制造公司的创始人兼总裁斯通有着截然不同的风格。罗尔斯顿是一个非常骄傲的人，他在与下属的互动过程中往往扮演家长的角色。他在人际交往过程中往往将自我标榜得很高，并且要求他人对他保持特别的尊重，因此让人觉得不好相处。而他在事业部会议中，往往像一个老师一样长篇大论地发表个人观点。

当有人提出不同意见时，他会千方百计地进行解释以坚持自己的立场。从表面上看，他支持民主和参与，但他的态度、肢体语言和沟通方式都已经向下属传达出"其意已决"的信号。公开向他提出质疑会让他感到颜面尽失，因此下属往往只能采取"迂回战术"。而他们也感到非常沮丧，特别是当无法将某些与罗尔斯顿想法不一致但切实有效的方案传递给他时，他们就会备感挫折。

罗尔斯顿和他所分管部门的经理之间的关系也被大多数人所诟病，经理们经常受到不公平对待。他们认为他们接受并努力实现了罗尔斯顿设定的挑战性目标，却没有得到应有的表扬。他非但没有给予奖励或给他们放个短假，反而变本加厉地布置了更多的新项目。在他们看来，达到罗尔斯顿的要求简直是痴心妄想，他们永远只能让上级失望。从长远来看，这种感到不公平或缺乏成就感的危害非常大，因此艾伦金融服务公司引入我实施咨询项目的主要目标之一就是解决这个问题：要么减少罗尔斯顿对下属的压力，要么让他给下属更多表扬。

与之相反，比林斯制造公司的创始人斯通表现得和其他普通员工没有太大差别，员工可以向他提出质疑，他也经常与员工争论。当然他也足够强势，会在需要决策的时候拍板说："够了，我已经定了！"然而即使在他忍无可忍的时候，他还是会和下属进行澄清和沟通，尽管下属有时候会抱怨他并没有对决策的原因解释得足够清楚。

斯通在下属面前没什么架子，在会议中他也愿意花费大量时间听取他人的意见。他认为自己是一个过程导向的管理者，在会后他也会经常咨询我关于提高效率的建议。因此比林斯制造公司并不太重视等级仪式，当然在斯通所强调的底线问题上，大家也从未向他发起挑战。

在你分别参与过两家公司的会议之后，你会立刻注意到组织成员维护他人脸面的不同方式。艾伦金融服务公司的方式是搁置分歧，相互保留意见分歧而不是强行解决问题成了该公司避免让某人难堪的主要方式。在罗尔斯顿不在场的情况下，艾伦金融服务公司的部门经理之间可能会出现更多对抗，但他们依然不会以针锋相对的方式来解决问题。他们处理脸面问题的方式是提出一个初步的想法或是向其他人寻求建议，从而避免让某个人的脸面因为某个特定决策而受到损伤。他们已经学会了如何在避免对个人造成威胁的情况下管理好任务冲突，而这正是比林斯制造公司执行委员会所欠缺的一点。

而在比林斯制造公司，会议则更像是一出舞台剧。斯通和执行副总裁是主要演员，其他人则常常被赋予观众的角色。在会议中，对抗、争吵和相互贬低是常态，管理者们并不喜欢这样的方式，但他们也无计可施。与该团队合作的一个发展项目的新目标就是提高执行委员会成员的参与度。最近新任命的人力资源副总裁将为实现这个目标发挥重要作用，他本身就是一个有很强掌控力的人，他将利用过程技巧进一步提升团队合作。而我在这个项目中所扮演的角色将在后文中进一步描述。

结　语

交际中的文化规则令人难以捉摸，这却是能否建立有效协助关系的决定性因素。客户在得到帮助的同时保全了自己的脸面，维护住自身尊严让他们感觉良好。确切地说，他们在得到帮助之后自身能力得到了极大的提升。

当我们将管理者认定为协助者时，这一点会更加清晰。能够帮助下属建立信心、提供指导和帮助却不会事必躬亲的上级往往最受下属欢迎。那些过于聪明、总喜欢向下级炫耀自身能力的上级可能会取得一些成果，但他很容易引起"民怨"，同时组织也将变得富于依赖性而越来越弱。

而在社会交往中，保全彼此的脸面是重中之重。如果有人在交际过程中丢了面子，不仅他本人会感到难堪、受辱并可能实施报复，令他颜面尽失的人同样会失去他人的信任，最终导致被排斥和孤立。顾问和管理者必须遵循这些规则，同时也需要让其他人意识到规则的重要性。在这项工作上，他们必须起到表率作用。

如何在保全脸面的前提下实施变革是提供协助的根本难题。协助者往往因为脸面问题而不得不支持一些毫无意义的主张。对如何让客户能够换个视角看问题，在愿意接受变革的同时避免对现在的领导方式嗤之以鼻，我们需要分析变革过程的简化模型从而加以理解。

第六章

开启和管理变革

旨在维系现状的协助过程十分少见。即使没有显著的、明显的外部变化，客户接受现状并重新定义问题也意味着重大转变。但是，如果缺乏对变革的认知和理解，那么无论是颠覆式变革还是改善式变革，理解其中的人际过程都无从谈起。

因此，管理者和顾问需要一个简化模型来理解极其复杂的变革过程。变革意味着在不贬低客户尊严和现有理念的情况下，让客户换个视角看待问题、处理问题，在保全脸面的前提下摒弃陈旧的观念和做法。那么，应该如何做到这一点呢？

本章使用的变革模型源自库尔特·勒温（Kurt Lewin）的社会变革模型。我针对顾问和管理者所面临的人际系统中的各种变革过程的不同情况，对其进行了一些调整。

变革过程包含一系列阶段，如表6-1所示。

表6-1 变革的三阶段模型

阶段一	解冻。创造变革的动力并做好进行变革的准备，主要通过： a.否定或不再强化（现状）； b.引发（对不变革的）内疚感和焦虑感； c.提供心理安全感。
阶段二	变革。通过重新构建认知实施变革。协助客户从新视角看待问题、感知问题、判断问题并做出反应： a.寻找榜样，将其作为新行为或新态度的标杆； b.审视环境，获取全新的信息。
阶段三	重新冻结。协助客户将新观念融合固化到： a.组织风格和成员的自我认知中； b.重要的人际关系中。

这些阶段在实际过程中可能相互交叠、迅速发生，但从概念来说它们截然不同。协助者需要了解当前所处的阶段，这一点至关重要。我们沿用勒温提出的概念来标注各个阶段，它们分别是：

（1）解冻；

（2）变革；

（3）重新冻结。

理解变革的关键在于理解每个阶段中所发生的过程。

如果想要通过"变革推动者"的行为来推动变革发生，则在每个阶段都必须管理好关键的人际过程。但顾问未必总是扮演变革推动者的角色，在每个阶段扮演关键角色的人可能有所不同。

管理者和顾问需要非常清晰当前所处的阶段并明确自身的角色定位。

变革阶段一：解冻

解冻某个系统意味着创造变革动力，并为变革做好准备。潜在客户必须自我感觉到出现了问题，如感到痛苦或失衡，从而激发他们寻求帮助的动力，同时他们也必须愿意接受帮助。当谈及对组织中的观念、态度和行为进行变革时，我们所感到的痛苦和失衡并不仅仅来自需要学习新事物，更多的则是需要改变习惯做法、舍弃陈旧观念。

摒弃过去意味着要求人们放弃之前习以为常的甚至十分珍视的理念，不适的过程令人痛苦，因此变革很可能遭遇重重阻力。另外，这个过程还意味着客户过去采取了错误或无效的做法，不仅有损客户的脸面，学习新事物还迫使他们进入了前途未卜的阶段。

因此，激发变革动力，摒弃过往并迎接新挑战需要具备三个条件。

否定现状

人们只有遇到问题，才会求助于他人。这通常意味着预期目标落空了：业绩低于预期，未能按时完成任务，员工士气低落，库存积压严重，员工在多次接受评估和指导之后依然毫无起色，计划未能如期推进，上级对下属的工作不满等。

这些事件的共同点在于现实并未如人们所预期的那样发生。通常，这一确认过程是从组织外部传递到组织内部，或是通过高层管理者逐级向下传递给组织内的其他成员。尤其是管理者对下属或某个部门的表现感到失望，却不得不将结果告知对方时，这种情况最为棘手。管理者对现状感到不满，但他现在必须诉之于口或采取行动打破下属的期望——原本他们可能认为自己做得很好。

类似的沟通之所以会出现问题，原因是这可能会有损员工的"脸面"。对方如果感受到这种危险，他们极有可能扭曲事实以保存颜面。上级可能确实认为下属表现糟糕，搞砸了事情，但文化规则却要求他不能直斥其非，他需要考虑给下属留有颜面，否则社交危机就有可能发生。另外，即使上级当面指出了下属的错误，下属也会矢口否认、充耳不闻或采取其他方式进行辩解，以保持自己并不无能的个人形象。

"脸面"文化驱动着我们，当我们有可能丢失脸面（自尊）时，就会百般辩解。因此，即使问题信息已经昭然若揭，仍然并不能保证被人们所认可和接受。我曾与食品行业的开发团队合作，他们告诉我整个产品开发过程中最困难的部分就是终止对"滞销"产品的开发。即使试销清晰地表明某个产品没有市场，开发团队也会坚称试销方式有误、促销材料存在问题，或是对产品稍加修改就会改变消费者的意见等。他们宁可相信任何事情，也不愿承认他们研发的产品毫无价值。

需要否定的"现状"并不一定是糟糕的现实处境。人类学家在跨文化交际中所定义的"意外"，又或是我们在适应新环境过程中利用的那些看似"毫无意义"的信息，都会促进我所说的变革过程。当然，也有学者认为在这种情况下，人们已经具备了学习新事物的动力。本章所探讨的变革模型强调在最初骄傲自负、缺乏动力的情况下，如何发起变革。

总之，否定现状是解冻的开始，但这还远远不够，其他两个条件必须同时发生：引发内疚感和焦虑感；提供心理安全感。

引发内疚感和焦虑感

如果所揭示的信息表明某些重要目标并未达成，或是某个愿望破灭了，前者会引发焦虑感，后者会引起内疚感。"不如意事，十有八九"，但我们往往忽略了大多数信息，因为我们并不需要为这些被否定的目标或愿望承担责任，所以对此并不关注，也没有激发变革的动力。

糟糕的天气、拥挤的马路、整理房间花费过多时间、约会对象迟到，我们会关注到这些事情甚至还会满腹牢骚，但我们通常不会因此改变自己的态度或行为，只有当它们涉及我们自身的重要目标和个人愿望时，才会激发我们的变革动力。

这一点在汽车销售人员向客户兜售产品时会格外明显。当旧车出现某些问题时，汽车销售人员会设法让潜在消费者感到旧车无法像新车一样提供他所期望的权威感、优越感和便利条件，销售人员会竭尽所能发掘出客户内心想要达成的目标或实现的愿望，而只有购买新车才能消除这种焦虑感和内疚感。销售人员会给出很多理由，诸如目前的旧车可能会常常抛锚、旧车与身份不配、如果不买后期可能涨价等。倘若他能激发客户内心的焦虑感和内疚感，他就有机会说服客户购买新车。

上级为下属提供绩效反馈时同样如此。无论是上级强调下属工作效率不高、开支过大，还是强调质量需要提升，这些信息只有与下属的个人目标和愿望关联起来，才会引起下属的重视，否则就容易被忽略或否认。然而，如果上级和下属共同制定目标，而且下属对完成这些目标做出了个人承诺，那么未能实现目标对下属个人就会有意义，从而使其产生内疚感和焦虑感。

因此，要使绩效反馈发挥作用，必须让员工个人从一开始接受目标时就做出一定的个人承诺。多少次，我们看到员工们焦头烂额地从会议室走出来，抱怨老板的目标不切实际，因此将老板的斥责和坚持视为老板失去理智的佐证之一。但如果通过员工做出承诺使员工对失败产生焦虑感和内疚感，这些信息就会促使员工产生变革的动力。

否定现状、产生焦虑感就足以启动一个变革过程吗？还不够，只有当第三个条件——提供心理安全感——得到妥善安排之后，变革过程才能产生。

提供心理安全感

给予否定评价只有在不会侮辱他人、不会损害脸面或伤害尊严的情况下，才会为人所接受。如果该成员对目标和愿望非常重视，但最终结果并未达成，想要让这位成员能够接受这个结果，就要让他感觉到即使特定目标和愿望没有达成，他依然很有价值。他应该感到焦虑和内疚，但不意味着整个人毫无价值。如果他的基本价值观受到威胁，自我防卫系统就会启动，他就会通过扭曲或其他方式来撤销对自身的否定。

顾问和管理者所面临的最大难题在于，如何在给予否定信息的同时不对出现问题的人造成个人威胁。所有围绕考核评估过程的相关技术都会面临这个核心问题。某些理论强调反馈必须是正向强化而不是惩罚，在行为发生后应该立即给予反馈，反馈要具体而不能笼统，提供的建议要让接受者力所能及，给予反馈的动机必须是建设性的和有帮助的。

另一些理论主张将负面反馈信息夹在两层正面反馈之间，"总的来说你是一名优秀的销售员，虽然这件事情你搞砸了，但你的基本表现还可以。"然而，"三明治模型"唯一的弊端在于接受者往往只听到了两个正面的评价。

顾问和管理者需要为客户和下属提供心理安全感，以便能够与之探讨存在风险的事情。这是一门极其复杂、极具艺术性的工作，不仅要求顾问和管理者真正关心接受者，还要求二者必须真正致力于协助对方改善现状。

建立心理安全感基本无章可循。一个关键点是"脸面"问题，由于客户已经因为承认问题而处于劣势，所以不要使其加剧这种感觉。过程咨询模型强调建立客户的自信和尊严。作为顾问，我必须假设客户从头到尾都知道存在问题，否则他就不会邀请我进入组织，因此我无须时刻提醒他问题之所在，他需要的是我帮助他建立解决问题的信心。

如果客户不愿放弃陈旧观念而学习新知识，顾问和管理者可以暂时扮演家长的角色，通过给予安慰和保证（一切将会很顺利）从而缓解对方的焦虑。因为处于焦虑和失衡状态的组织内部成员特别需要一位局外人来稳定大局，而顾问往往在过渡阶段扮演着管理者的角色。

有时，甚至仅仅是顾问的存在就可以使对方建立心理安全感，顾问让组织成员相信情况已经得到控制、问题并不棘手、此前已成功应对并将问题妥善解决。客户在承担处理问题的责任之前，常常希望确保问题在"可控"范围内，如果问题十分常见，他们就胸有成竹了。

关于解冻的结论

否定信息的接受者必须获得足够的安全感后才能面对他人的否定和随之而来的焦虑感和内疚感，潜在客户也必须感到足够安全才会忍受放弃原有习惯和学习新事物所带来的不适。客户或需要变革的个人才是局面的掌控者，变革推动者可以将否定信息、焦虑感和内疚感逐级上调，以竭力实现安全感的最大化，但只有当客户自己决定放弃固有观念、学习新事物时，变革过程才能进入下一阶段。

在我所遇到的处于解冻期的各类型客户中，一些客户感受到了否定信息，却无法将其与个人的重要目标或愿望联系起来；一些客户公开地表现出防卫心态、内疚感和焦虑感，却希望顾问帮助他们证明这些否定信息是错误的；一些客户准备接受否定信息，但缺乏足够的安全感，希望顾问能够在保护其自尊心的同时帮助他们度过舍旧迎新的痛苦过程；还有一些客户不知从何下手，因此聘请顾问协助解冻组织中的某些部门。

很多时候，变革推动者，也就是希望启动变革的管理者或顾问并没有充分意识到解冻的内在动力。即使组织或个人尚未准备就绪，他们仍然希望立即推动变革。他们或许意识到了否定现状、引发内疚感和焦虑感的必要性，却忽略了制造安全感。在绩效评估会议之后，管理者时常抱怨已经清晰地向下属说明了需要改进的地方，下属却始终不能完全理解。这种现象比比皆是。

顾问在咨询过程初期的一个重要作用，就是通过概念解释和案例说明向客户说明在变革之前建立心理安全感是多么重要。顾问在与客户接触初期表示愿意施以援手，接受客户的想法，以及温和（而非对抗）地探究询问都有助于营造安全感。

如果客户希望探讨如何让他人发生转变，过程咨询顾问可以介绍解冻的机制，询问客户是否具备解冻模型的三个条件。建立心理安全感往往是客户最容易忽视的要素。下面这个案例说明了协调这些条件的复杂性。

案例：奇尔顿高科技公司——高级管理人员的绩效评估

我与奇尔顿高科技公司（Chilton High Tech Company）的

总裁吉姆·戴森（Jim Dyson）合作多年，主要是参与核心员工会议并为他的各种决策提供建议。同时，作为顾问和总裁想法的梳理者，我和他的直接下属的联系也很紧密。由于我和戴森相交甚深，因此员工经常咨询我戴森在会议中的某句话的含义。高层管理者也将我作为和戴森沟通的渠道之一，当由于某些原因无法直接沟通时，他们会通过我将信息传递给戴森。

戴森在团队讨论场景中思维缜密，但他在与员工一对一交谈时就会困难得多。他会在团队会议中甚至在背后对下属进行表扬或批评，希望下属能够得到正确的信息。但这种方式很可能有损他人尊严，因此大家一致认为这种方式有待改进。更糟糕的是，这些信息常常被接受者忽视或拒绝，戴森也因为无法有效地对下属评价而备感沮丧。

人力资源副总裁乔治·罗斯（George Ross）一直认为高管团队的发展有赖于戴森对每一位直接下属都做出更加具体和详尽的评估。鉴于戴森不愿意进行一对一面谈，罗斯和我花费了大量时间来探讨如何实现有效评估。最终，罗斯设定了下列步骤，我和他将其讨论完善之后，对戴森及其直接下属进行了测试。

步骤一。戴森和罗斯进行面谈，就戴森的每一位下属进行沟通，由罗斯全程记录，随后打印出来交给戴森修改补充，这些记录会用于日后提醒戴森他对每个下属的评价。

步骤二。 安排每一位直接下属参加两个小时的会议，戴森、罗斯、该下属和我一起参加。因为大多数下属希望得到被评估和参与讨论的机会，因此他们欣然接受他人在场，而戴森也很乐意以三人小组的方式对下属进行评估，罗斯和我可以协助澄清信息并负责跟进后续工作。戴森对自己不够自信，需要别人在场查漏补缺，显然他在团队场景中具备更多的心理安全感。

而我的职责是对每位下属进行后续访谈，确保信息被准确传递并探讨制定发展计划。

步骤三。 在每次评估会议中，罗斯会事先将评估笔记准备好，戴森、罗斯和我人手一份，便于我们根据需要提醒戴森，确保他不会有遗漏。下属有权提问、要求戴森做出澄清或给予否决。我的工作是促进良好的双向沟通。换言之，我不仅要协助戴森表达他的想法，也要协助下属做出回应。

该组织的文化倡导开放、尊重和辩论，因此必须保持开放的环境。当我没有理解要点，或是我认为戴森或下属没有理解要点时，我就会要求做出澄清。为了避免让他们感觉受到了威胁，我总是推说我自己没有明白，即使我其实已经明白了。

会议结束时，我会再次强调所达成的重要协议，及其对未来业绩和发展需求的影响，做出简短总结并检验共识。

步骤四。 会议结束后，我会和下属一起离开会议室，借机询问他的感受、他所听到的内容以及他从讨论中得出的推断。由于我很了解戴森想要传达的信息,我可以对下属的接受情况进行了解和确认,澄清问题并对下一个步骤给出建议,通常这会花费半个小时左右的时间。如果下属很沮丧,这段时间为他提供了很好的宣泄情绪、平复心情的机会。

罗斯之后也会跟进,他会鼓励需要咨询和解释的下属与我联系。我和下属约定三个月之后再次会面,查看发展计划并了解工作进展情况。在这些会议中,我证实了反馈过程在有效传达信息方面效果显著。

尽管反馈过程有时烦琐复杂、冗长不便,但戴森、罗斯和全体员工一致认为这是有史以来最好的评价反馈。顾问的出席不仅能够帮助解释澄清,而且作为第三方给予了下属一定的心理安全感。我们彼此都同意接下来的评价反馈应该采用类似的方式。

些许收获。从这个案例中我们可以得到一些有价值的经验。设计行之有效的绩效反馈过程是罗斯的想法,我们两人共同完善,缺一不可。罗斯比我更清楚戴森和其他成员如何看待这个貌似烦琐的系统,因此他的参与尤为重要。

心理安全感并不等同于隐私。在奇尔顿高科技公司的企业文化之下,下属认为见证沟通过程的第三方最为重要。我们也知道给出反馈和接受反馈同样困难,因此戴森在做出评价时需要各种支持。

这个过程一旦被提出并加以验证，即使没有我的参与也可以由客户自行实施。在之后类似的场景中，罗斯可以替代我的角色。

案例：艾伦金融服务公司的解冻

在前几章中，我们提到了关于罗尔斯顿的信息，这恰好可以进一步说明解冻的原理。首先，罗尔斯顿本人必须解冻。他有一套自己的行事方法，但极少意识到他人反馈的否定信息。员工在各个项目中的推进不力被他视为无知、懒惰或缺乏理解。罗尔斯顿相信只要对他们施以"教育"，他们就能按照要求来做事。罗尔斯顿希望从我这里得到认可、知识概念以及有关解冻各个部门的指导。

我从人力资源经理和他的私人助理那里得到了大量的否定信息，我还间接获悉各个部门的负责人也都曾直截了当地告知罗尔斯顿他们压力过大。这说明否定信息确实存在，罗尔斯顿却没有意识到这一点。在这种情况下，我采取的策略是聚焦罗尔斯顿的挫败感、痛苦和超负荷。如果我能让他意识到他对自己过于严苛的话，或许他能够意识到他对别人也过于严苛。我还现身说法，告知罗尔斯顿如果我是部门负责人，无疑也会感到负荷过大。

我在合适的时机向罗尔斯顿指出，他的焦虑和内疚源于目标无法按照预期实现。如果他能够对自己的行为方式进行反思并有所调整，目标是可以实现的。我的保证让他有了心理安全感，为了进一步增强他的信心，我保证会竭尽所能帮助他。

同时，随着我参与公司会议结识了更多的部门管理者，我鼓励他们清晰地表达自己的感受（使否定的水平持续提升），但要采用建设性的方式避免罗尔斯顿产生防卫心理。数月后，这种方式开始奏效，罗尔斯顿似乎因此逐渐开始采用其他方式来影响组织成员。

总而言之，如果一个或多个相关人员认可他们所关心的事情未能正常实现，对现状感到内疚或焦虑，并在获得心理安全感之后决定采取必要措施，客户和客户体系就处于解冻状态。如果上述条件均不满足，客户将无法感知到否定信息或置之不理。他宁可与变革推动者终止合作关系，也不会冒着丢失脸面的风险接受否定信息。

专家、医生和过程咨询顾问这三种角色都能发挥关键作用，专家和医生可以了解特定客户的情况，查看客户没有达成重要目标的原因，发掘变革的动机。他们可以成为否定信息的权威来源并有效制造内疚感和焦虑感。但采用专家模型和医患关系模型很难成功地推动变革的原因在于，没有建立足够的心理安全感让客户接受否定信息。只有过程咨询顾问使对方建立了足够的心理安全感，解冻才会发生。

变革阶段二：重构认知，实施变革

变革的发生需要有改变的动力并做好准备，但这还远远不够。我们意识到某些问题的存在，也认为应该改变，但依然可能无从下手。解冻的作用是让客户打开心扉，寻找新的信息和观念，以新的视角来审视现状，即"重构认知"。

获取信息以重构认知方式的基本机制有两种：

（1）认同，找到可以参照的学习榜样；

（2）审视，通过审视周边环境寻找新的可能性。

认　同

我们认知新事物的一种方式是寻找榜样，学习并使用上级、导师、朋友或顾问的处事方式。如果我们关注并尊重的人采用某种方式处事很奏效，我们就会效仿这种方式。

顾问作为变革推动者，常常是被效仿的对象。因此顾问的行为和态度必须和他所倡导的理念和方法高度一致。

如果客户完成"解冻"并做好准备进行变革,最行之有效的方式就是找到效仿的对象。然而,标杆学习可能有很大的局限性,因为这种方式意味着学习者的信息来源极为单一。事实上,标杆对象所采用的方法策略对客户自身而言可能完全不符。

鉴于这种情况,过程咨询顾问必须做到:(1)不要标榜自己就是行为榜样。(2)根据客户的情况选择合适的学习对象。(3)向客户强调,标杆对象所采用的方法策略只是解决途径之一。换言之,参照标杆行事未必是解决问题的最好方法。

此外,如果顾问与客户的匹配度很高,并且顾问拥有成功解决客户类似问题的经历,那么按照顾问的建议和做法行事无疑是效率最高、效果最好的方式。潜在的风险在于顾问需要判断,自己所建议的策略、方法是否真的完全适用于客户的实际环境。

审 视

如果没有现成的学习榜样,学习者可能会审视他周边环境中所有与问题相关的信息和概念,找到解决办法。顾问是很好的信息来源,他还可以通过鼓励客户广泛阅读、与他人沟通交流、参加研讨会等方式接触和了解新思路、新观念和新方法。

尽管审视过程耗时较长、进展较慢而且更为艰难，但相较于认同过程，客户能够根据现实情况找到更加适合自身的独特解决方法。认同和审视必须在解冻之后，这样才能确保客户寻求新视角和新信息的正确动机。

我多次发现，客户能否接受新观点并不取决于该观点是否准确，而是与他准备尝试新方案的意愿程度息息相关。建立意愿的过程就是解冻过程，因此需要在这个过程中花费大量时间和精力。一旦准备就绪，客户就能够独自或在顾问的指导下寻找并评估新想法。但如果客户没有解冻，无论顾问如何努力，无论想法多好，客户都只会视而不见。

案例：达美航空航天公司——认知重构企业文化

下面我将回顾我在达美航空航天公司（Delta Aerospace Company）所参与的企业文化分析案例，这个完整案例将展示认知重构过程中的各种动态。为了使公司高管更好地认知公司、明确自身职责，达美航空航天公司为最高层管理团队实施了一个管理发展项目。项目中的一部分内容是请我协助高管团队更好地理解达美航空航天公司的企业文化。企业文化是经营管理的核心，但此前该公司的企业文化显然有所不足。

达美航空航天公司的高管团队已经执掌公司数十年，各位成员都经过创始人的选拔。这位创始人不仅追求科技卓越，同时致力于建立让各级员工都感到卓有成就的人文环境。这是一个科技公司，大多数管理者都是工程师出身，他们期望营造不拘小节、开放互动、坦诚互信的工作环境。

武器系统是达美航空航天公司的一个重要产品系列，是该公司的创始产品，占据公司销售额的三分之二以上。然而占据公司绝对主导地位的这条产品线反而影响了公司的多元化发展。美国政府几乎成了公司的唯一客户，美国国防部的订单波动对公司影响巨大。但管理者始终处于这种情况下——他们似乎已经习惯将五角大楼当作主要客户了。

这个管理发展项目为期三周，在实施初期，我受邀利用半天时间帮助高管团队分析达美航空航天公司的企业文化。与会管理者都已经完成"解冻"，因为他们的上级已经制定了详细计划，并告知所有参与者这个项目对于个人职业发展的重要性。现在，他们需要一种工具来深入发掘企业文化。

根据我的经验，理解企业文化最好的方式并不是直接灌输，而是提供一种分析工具，让他们能够自行发掘并获得。因此，我通过讲座简短介绍组织文化的概念之后，就给出了从三个层面审视企业文化的模型：

（1）人为事物——公司的任何访客都可以观察到的内容；

（2）信仰价值——记载于公司文献中，或组织成员在解释行为时可能提及的内容；

（3）基本假设——即使是组织内部人员，也只有在遭遇外部生存问题或内部整合问题，要求其对企业文化的实体物件和信仰假设进行解释时，才会注意到的内容。

在讲解结束之后，我邀请参会者以20人为一组，举出一些达美航空航天公司象征企业文化的实体物件案例，一一列在黑板上。此时，出现了一个矛盾现象：参与者认为达美航空航天公司是不拘小节、平等开放的公司，但他们发现总部大楼非常正式——餐厅、私人停车位、办公区域、家具设施甚至是装潢都根据公司层级的高低划分为多个等级。我们大概花了一个半小时研讨如何让平等、开放的企业文化和等级明显的总部建筑统一协调起来。

随着以历史角度来探究这个问题，我们发现总部大楼的建筑和陈列完全是按照客户（五角大楼）的文化来建设的。由于与公司往来的客户大多是五角大楼的官员，因此公司逐渐根据五角大楼的布局来规划和调整了自己的公共空间，以让客户有舒适感。而一旦回到实验室或制造车间，他们就立刻回到了平等、开放的状态。因此，我们的探讨帮他们解开了以前困惑甚至是担心的一些问题。从这个意义上，他们重构了认知，理解了总部大楼的象征意义和实际功能。

识别文化价值观中的异常并追溯、探究其历史原因的过程产生了很多不同的见解，很好地揭示了我所说的客户系统解冻之后认知重构的含义。

通常来说，认知重构并不会像这个案例如此简单。为使劳资双方从对立的输赢关系转变为融洽的双赢关系，公司往往需要花费数十年时间来解冻一个体系。这意味着需要说服工会相信公司的经济状况确实需要重新拟定劳动合同，将变革信息和工会倡导的目标与价值观关联起来，在员工中建立足够的心理安全感从而使他们关注变革，最终形成全新的整个概念。

案例：通过超凡魅力的领导者来重构认知

一家以其工厂创新设计而闻名的大型美国公司近日应用了一套新的劳动管理体系。该体系更加强调员工的自主性，鼓励员工学习多样化技能和轮换岗位，将管理者视为顾问而非老板。事实证明，应用该体系设立新工厂时，招募的新员工非常乐于接受该体系，但在设有工会的老工厂推行该体系却异常困难。

最终，经济状况迫使工会做出改变，工会要求各个老工厂的总经理举行全体员工大会推行新理念，这对总经理的个人魅力要求极高，但这样的全员大会有助于调整每个人的认知，因为所有人得到的信息都是一致的。让工会解冻从而接受新理念以及召开全员大会的组织方式被视为是重大突破，也取得了卓越成效。

在解冻情况下，能振奋人心的领导者可以迅速实施变革，但如果工会置之不理，总经理的解释就不会奏效。因此解冻阶段才是需要集中精力突破的，而不是重构认知阶段。

变革阶段三：重新冻结

变革很可能昙花一现。客户在培训期间接受了新理念，但回到原有工作环境（尤其是环境与新理念相悖）时很容易转回原有观念。因此重新冻结是完成变革的重要部分，它将新视角和新理念融入个人的精神世界和重要的人际关系中。

个人重新冻结

一种观念要在内心扎根，意味着这种观念能够舒适得为人所接受，同时能够与个人的其他理念相融合。选择过程咨询模型而非专家模型、医患关系模型的一个重要理由就是过程咨询模型可以确保客户所接受的东西是他个人所愿意接受的，因为客户自己掌握了选择权。

为客户提供"医生"式的建议非常诱人，客户会欣然接受并照搬执行，但在执行过程中客户会发现建议与实际情况有所出入，这最终可能导致客户认为建议毫无可取之处。当然，理想情况是建议完全匹配客户的个性情况，但毫无疑问这样的建议并不存在。

人际关系重新冻结

即使顾问的建议完全符合客户的个性和自我认知，也可能会与客户周围的重要人际关系（上级、同事、下属）的期望有所出入。他们不仅不会强化和推动建议的执行，可能还会进行阻挠。因此客户必须学会说服他人赞同自己的新观点，或许还需要推动一个将周边人员作为变革对象的变革项目。这个过程痛苦且漫长，也不会自然而然地发生。要想使客户的新观念、新态度和新行为得以存续，就必须谨慎管理。

顾问和变革推动者在这个阶段责任重大，因为他们在一段时间内是唯一强化新观点和新行为的人，并且要帮助客户在他人面前坚持自己的立场。

艾伦金融服务公司的重新冻结。正如前几章所言，事业部总经理罗尔斯顿逐渐发现自己的"家长作风"有时被下属视为灵感和力量的来源，有时则被视为蛮不讲理、有失身份。后者往往发生在他反复讲解或过分强调某些观点的时候，我也曾领教过，因此感同身受。

在我们合作的过程中，我会将自己的感受直接反馈给他，这也促使他解冻自我，寻求新的解决方案。他决定不在会议中高谈阔论，代之以积极倾听。

最初，他不得不通过与我的互动加以练习。而在会议之后，他的巨大转变得到了我的认可，各个部门经理在惊讶之余也纷纷给予肯定。此时，新的（倾听）行为开始重新冻结。

奇尔顿高科技公司的重新冻结。总裁戴森采用了新的小组会议方式对高管团队进行绩效评估。他发现不仅自己能够很好地给出评价，下属还纷纷致电赞扬他给予自己史上最佳的评价。在听到这些反馈后，他认为自己找到了能够满足自身和下属需求的方法，进而固化下来。

达美航空航天公司的重新冻结。在前述全体会议上集体分析企业文化之后，我又采取了两个步骤来冻结这些新理念。其一，我们希望巩固参会者的理念（个人重新冻结）；其二，我们希望在管理发展研讨会上就这些理念如何应用于工作达成共识（人际关系重新冻结）。

在建立了有关达美航空航天公司的一些基本假设之后，我将参与者分成三组，每组七人，要求每一组用大约 1 小时左右时间：（1）复述已经认同的基本假设和他们所能想到的其他假设；（2）找出对于达美航空航天公司未来发展战略的有利假设和有待改变的不利假设。

将文化假设和公司的使命及发展战略明确地关联起来，管理者就可以更有针对性地思考各个假设的重要性。在小范围执行这个过程有利于为参与者的新理念提供检验和巩固的机会，以便在会议之后能够更好地推广分享。

例如，大家已经明白了总部大楼中等级分明的陈设仅限于客户往来，是必要且无害的，因而彼此就不会为等级地位所累。武器系统生产线则不同，虽然曾经给公司带来辉煌，但如果依然成为公司的主要收入来源，未来公司将因为发展失衡而举步维艰。虽然研讨会仅仅持续了三四个小时，但大家达成了重要共识，即公司应该大力发展新产业，并面向未来培养管理者。

从达美航空航天公司的案例中我们发现，如果一个系统已经完成解冻，客户想要获得帮助并准备就绪，实施干预以重构认知并改变后续的行为并不用花费太长时间。

结　语

简化的变革理论模型将变革分为按照逻辑演进的三个阶段，

每个阶段都需要不同的变革机制。在解冻阶段需要提供否定信息，并将这些信息与个人目标或愿望关联起来从而制造焦虑感和内疚感，与此同时，还需要提供足够的心理安全感，确保客户能够接受这些否定信息而不是矢口否认。

如果客户通过解冻获得了摆脱陈旧观念和做法的动力，那么他就可以通过对标学习或重新审视周边环境的方式寻找更好的方案来取而代之，随后可以通过认知重构或重新定义问题来找到新观念和新方法，最终产生新行为从而推进变革发生。

然而，所有变革的内容需要与客户的个性和其他固有观念相匹配，并且与客户的重要人际关系有效融合，只有当客户及其重要相关人员接受并固化变革内容时，变革才能真正得以顺利完成。

在不同阶段，顾问和管理者作为变革推动者的角色千差万别。在大多数情况下，当客户获得否定信息，感到内疚和焦虑时，他已经部分解冻，但此时他往往可能缺乏足够的心理安全感来实施变革。如果顾问和管理者从变革阶段一开始就必须介入并接管所有的解冻、变革、重新冻结过程，这种情形会极其具有挑战性，也将花费大量时间。太多的变革项目以失败告终，原因在于在充分解冻之前变革推动者就妄图重构变革对象的认知、思想、态度和行为。太多的变革项目无法持久，是因为变革推动者没有关注到新的学习内容是否与学习者的个性或重要人际关系相匹配。

变革是一个复杂而漫长的过程，危机有时能够推动并加快变革的速度，但绝不能因此省略最初的阶段。推动和管理变革的管理者和顾问必须清楚地认识到，客户或变革对象必须亲历变革的每一个阶段，无论如何管理者和顾问都不能越俎代庖替代客户或变革对象完成。

03

第三部分

过程咨询策略与战术

在第三部分，我们将聚焦过程咨询的策略与战术。如何定义客户？为达成协助过程的战略和战术目标，应该如何和客户沟通？这些战略和战术在过程咨询中的职能有何不同？这些原则是否适用于（担任顾问角色的）管理者？

在接下来的章节中，我列举了大量案例，并针对管理者和顾问提供了具体建议。

第七章

"客户"的概念

任何协助或变革过程必定有特定的目标或客户。在前文的讨论中，当我谈及"客户"这个概念时它们总是清晰明确的，但事实往往并非如此。我们可能很难回答"客户是谁"这个问题。有时，我也不知道自己是在为谁工作；有时，我同时为好几位目标迥异的客户工作。而且随着咨询和管理工作的深入，"究竟谁才是真正的客户"这个问题会变得越来越棘手。

在咨询关系中，最显而易见的是"联系客户"。"联系客户"是最初对接顾问的人员，他们一般会将顾问介绍给组织中的其他人，他们也会与顾问一起为组织中的其他成员安排活动计划。随着咨询项目的推进，顾问必须仔细区分各种客户类型：

（1）**联系客户**。最初带着请求或问题前来与顾问或管理者会晤的人。

（2）**中间客户**。随着项目的进展，在咨询活动中参与访谈、会议或其他活动的个人或群体。

（3）**主要客户**。咨询问题的最终所有者，他们需要帮助。

（4）**最终客户**。此类客户甚至可能并未涉及项目，但管理者和顾问所制定的任何干预措施都需要考虑到其利益。

在管理者的情境中，对客户的区分可能并不明显，但重要的是，管理者需要认识到在面对上级、同事、下属，包括组织外部的人员时，需要区分协助关系中的客户概念。管理者可以将任何与之合作的下属定义为联系客户，但计划在推进中会涉及组织中的其他人，受益者往往会包括其他组织成员，甚至还包括组织外部的客户或供应商。

管理的一个道德困境在于管理者往往需要与多个客户系统打交道，他们的期望和需求可能有所不同。在管理情境中，我们将他们视为不同的"利益相关者"，并认为管理者的工作核心就是平衡这些群体的利益。因此，顾问和管理者可以在认知和管理多重关系方面相互学习。

此外，就专业角度而言，协助者和客户之间应该保持一定的距离，因此管理者将组织架构中的上级、同事和下属视为"客户"

并不完全妥当。而且管理者拥有正式职权,也很难做到保持距离。然而,如果我们按照过程咨询的假设来建立关系,无论是管理者还是顾问都可以有效地提供帮助。高效的管理者要做的是尽力构建决策和解决问题的过程,从而赋予下属权力。

联系客户

协助过程总是从联系客户的工作开始的,联系客户是第一个将问题带给顾问的人,无论这是不是他本人的问题。在过程咨询中,我如果想提供帮助,就需要尽快了解联系客户以及他所在组织中的其他人对我和我的咨询理念的认知和期望,我不愿过早地扮演专家或是医生角色。因此,我必须广泛探索与调研,以了解现实情况:为什么客户会求助?为什么要在这个特定时间求助?

联系客户的回答会给我一些线索,可以借此验证或修正我的判断:

- 这位联系客户阅读过我关于咨询理论的书籍或文章;
- 我之前或现在的客户向他推荐了我;
- 了解我咨询风格和研究领域的一位同事向他推荐了我;

● 他参与过我主导的某次培训活动；

● 他曾经阅读过我所撰写的主题文章或书籍，如《职业锚》《组织文化与领导力》，或听过我的讲座，并认为组织中的某些问题与此相关。

当对方给出答案时，我会尽力思考目前的状况是否适合咨询的介入，即最终能够帮助客户解决问题。我必须评估联系客户和他所在组织中的其他人是否接受过程咨询模型并愿意参与进来。我必须判断客户的动机是否具有建设性，以免使自己沦为某些人政治博弈的棋子。

我一贯遵循的总体原则就是：我说的每句话、做的每件事都是对组织的干预；而这种干预必须尽可能多地让客户感到有所帮助。我的目标不仅仅是让来访者得到他所需要的信息，还要让他在反思中得到帮助。大多数情况下，我给予帮助的方式是给出让联系客户回到他所在组织中能够实施有效干预或采取措施的建议。如果组织中的其他潜在客户希望进一步深入探索问题，我可以安排1个小时左右的时间与他们见面，看看是否有必要进一步提供咨询服务，而他们则需要向我支付这个时段的咨询费用。

对这种探索性会面的收费是必要的，因为有用的见解通常产生于这样的初次会面，通常不再需要进一步投入时间。联系客户以及参与会面的任何人都可以从中了解他们下一步需要做什么，因此下一步通常不需要外部顾问的任何帮助。对探索性会面进行收费还有一个功能，即考察联系客户获得帮助的动机。最后，收费可以传达这样的信息，即帮助是可以按小时提供的，而不必非要开展长期项目或费心签订正式合同。

在组织内部寻找客户

管理者和内部顾问面临的情况与上述内容大不相同。上级、同事和下属往往会直接向他们寻求信息或帮助，他们必须通过恰当的询问快速定义彼此的关系。管理者和内部顾问常常会遇到"创造"客户的问题，他可能发现了组织中的某个问题，但没有人向他寻求帮助。他们必须在解冻过程中艰难地扮演否定角色，并提供帮助和支持以使对方建立足够的心理安全感。

让我们看看更为复杂的情况，管理者尚且可以通过其正式职位了解组织中的情况并发现问题，但内部顾问往往无法与潜在客户建立联系，更不要说启动解冻过程。如果需要帮助者并没有意识到自己的需要，协助者还能提供帮助吗？在管理情境下，答案显然是肯定的，因为管理者的主要职责之一就是识别问题并解决问题。即使是内部顾问，鉴于他对员工、组织、社群和终端客户的责任，他也应该寻找并发现潜在客户。

那么，如何"发现客户"呢？最好的方式是顾问和管理者用自身所面临的问题，真心实意地向潜在的联系客户进行请教。协助者可以通过寻求帮助来建立关系。管理者可以直接询问下属某些目标或要求没有达到的原因，这表明他十分关心整个部门的业绩情况并且乐于提供帮助。但是，他首先需要员工的帮助来理解问题之所在。管理者表现得较为弱势，可以增加下属前来寻求帮助的可能性。

我在担任大学系主任一职时，发现如果年轻教师在课程教授方式上存在问题，与其直接指出错误并纠正（扮演专家或医生角色），不如邀请他简要介绍他的授课内容、选题原因和选择方式，饶有兴趣地从他的视角真正理解他所讲授的课程。如果他的教学评级较低，我们可以共同探讨原因。我发现，大多数时候通过这个过程，该教师自己就能发现问题，也能从中找到解决办法，从而不一定会向我求助。换句话说，尽管员工可能从未将自己定义为客户，但作为管理者，我可以把他视为客户，并建立相应的协助关系。

内部顾问的权限可能不如管理者，但他可以找到一个看起来有麻烦的部门负责人询问其在部门合作方面是否存在问题，并真心询问自己是否可以尽绵薄之力以提供帮助。他也可以基于自己的需要，对该部门做更深入的了解。需要注意的是，内部顾问切忌戴着寻找问题的"有色眼镜"或是抱着帮助对方的心态去了解现状。在与部门负责人的沟通中，顾问越被认为有所帮助，就越有可能被邀请参与到问题的解决中。顾问成功的关键就在于保持探究现实的兴趣，以及在任何情况下都被视为能有所帮助的人。

真诚探索的力量

当管理者和顾问面临现状时，没有什么比"我真的不了解现状，更不知道原因"更好的应对。当进入新环境时，管理者和顾问所看到的都是"症状"表象：产出甚微、未达目标、挥霍浪费、矛盾重重、质量低下、士气低迷，但他并不明白原因何在。如果他能够避免扮演专家或医生角色从而主观臆断，他就能真诚地探索问题背后的原因，从而与团队一起了解情况，最终解决问题。

这种探寻过程十分有效，我们常常会发现一些从事组织研究（但并非提供咨询服务）的人员往往被组织内部人员推动，希望其给予帮助。如果他们被认为能有所帮助，即使他们并没有主动要求参与解决问题，团队人员也会来寻求他们的帮助。换言之，管理者和顾问应该像研究人员一样，真诚地进行探索，通过探索来建立信任。如果妄图建立"客户"概念，然后向并不熟悉且不感兴趣的人"兜售"咨询服务，或是脱离实际工作情境解释理论，最终只能徒劳无果。

中间客户

联系客户并不一定是问题的所有者,他可能只是组织中的某个人的代表,而这个人或是没有时间,或是因寻求顾问的帮助而感到尴尬。联系客户为组织内部人员提供了有效渠道。中间客户有时与主要客户相关,有时他们自己就是主要客户。但在最开始时,我们并不知道。

譬如,我经常接到一些公司人事部门或培训部门的电话,他们代表业务部门经理来询问我是否能提供某种类型的咨询服务。致电的人承认他们手上有一份(顾问)名单,他们会向名单上的所有人打电话询问同样的问题。

对我来说,要判别能否提供帮助以及如何帮助,还需要了解更多信息——我需要知道这是什么样的组织,业务部门经理又是什么样的,他们为什么会把这样的任务交给人事部门的同事来做。因此,我将电话另一端的人视为联系客户,我通过各种探索性的询问来进一步了解中间客户的信息:

"你能再告诉我一些有关这位业务经理的情况吗?"

"为什么现在需要一位外部顾问介入?"

"这位经理在组织中与你的汇报关系是怎样的?"

"你是如何得到我的联系方式的？为什么会打电话给我？"

我提出这些问题的目的有：一是获取进一步沟通交流的信息；二是让客户对我的咨询风格留下初步印象。另外，我通过提出一些联系客户未曾思考过的问题来帮助对方反思，这些问题为客户的独立思考提供了方向，帮助他们构思下一步的行动措施。

随着对话的深入，我可能会提出一些建议，通过联系客户传达给中间客户。例如安排和相关直线经理见面，和经理直接通话，或是就经理的想法进一步提出一些问题。

如果联系客户和我都认为接下来应该由这位中间客户直接和我对接，那么我的工作重心就要转到与这位中间客户的关系建立和管理上来，包括设定工作时间表，安排电话沟通或见面会议，决定会议的地点、与会人员、会议时长并确定会议目标。理想情况下，这些决定都应该和问题所有者——目前来看是中间客户共同制定。

做出这些决定（往往通过电话），我有两个目标：首先是引导客户对我的协助方式建立正确的期望；其次，我会通过电话询问、了解更多信息并推动客户前进，但我不会把问题揽到自己身上来。总体策略是和联系客户制定进一步的推进措施，因为这些措施会建立与中间客户（当然也包括主要客户）的联系。

对于管理者和内部顾问来说，他们依然需要在几种模型中选择。就我自己而言，我常被要求以教授或系主任的身份列席其他组织的会议——邀请我参会并不是要我解决特定问题，只是希望能有所裨益。因此，我可以选择成为强势的专家或医生，也可以通过澄清问题、提炼总结、校验共识成为过程咨询顾问。管理者和内部顾问经常会遇到类似的情境，他们可以在正常工作中扮演过程咨询顾问的角色，从而树立起乐于助人的信任感。

主要客户

主要客户指的是存有特定问题并开始寻求帮助的个人或群体，也是最终为顾问咨询付费的对象。联系客户和中间客户有可能是主要客户，也有可能不是。

最终客户

在咨询项目中，最终客户是指利益必须得到保护的利益相关者，即使他们并没有直接与顾问接触。换句话说，如果主要客户的诉求会明显伤害到其他群体的利益，顾问便不应该给予其帮助。如果咨询项目真的可能介入政治斗争，我必须要问我自己，对于整个部门、整个组织来说，怎样才算得上是更好的解决办法。只有当我根据自己的价值观判断出最终客户将会受益时，我才会同意进行这个项目。

在实际操作中，如果不与我的个人价值观相冲突的话，我通常将整个组织视为最终客户。因此，任何干预措施都必须以对整个组织的影响为指导。如果将组织的概念放大到社群或整个社会，我的原则就是绝不与危害社会或违背个人价值观的组织进行合作。

主要客户会支付咨询费用，最终客户会受到咨询结果的影响（虽然他们有可能并不清楚发生了什么）。因此顾问和管理者必须根据各自的专业标准来定义最终客户。一位高级经理是否应该帮助下属经理压榨其手下的员工？销售经理是否应该帮助销售代表为达成更好的业绩而牺牲客户利益？顾问是否应该帮助某公司来关闭一家社区工厂，如果社区明显会因此受到损害的话？

这些问题没有简单的"是"或"否"的答案，但在协助关系中，我们必须认真思考这些问题。也就是说，无论何时我们给予某人帮助，实际上都是将自己和受助者所代表的目标和价值观结合到了一起。如果我们的帮助对其他部门或组织产生了不利影响，我们也难辞其咎。

在我担任系主任进行教学管理时，常常会遇到这样既涉及教师利益也涉及学生利益的问题。如果某位教师请我组织项目、安排教学日程或咨询活动，而在我看来这会损害到学生利益时，我就必须仔细斟酌作为最终客户的学生和作为主要客户的教师同事，什么时候顾全谁的利益会更重要一些。这些疑问一旦出现在我的脑海中，我发现最好的干预方式还是立即与客户分享问题，然后我们就可以共同努力，满足最终客户的需求。

案例：玛迪公司的客户复杂性

通过回顾我和玛迪公司（Multi Company）[①]的合作过程，我们能够看到不断变化的项目中客户的复杂性。最初和我联系的是管理发展项目总监约翰·沃克（John Walker），他邀请我在六个月后的年会中为45位高级管理人员举办一次研讨会。他曾经参加过我此前的研讨会，他使我确信此类研讨会对他们公司而言非常重要。因为有机会接触一家大型跨国公司的高层管理团队，所以我也很有兴趣。

在确定合作之前，我必须与公司总裁理查兹（Richards）会面，一方面确认我们是否能就研讨会的目标达成一致，另一方面

[①] 玛迪公司是欧洲一家大型跨国事业部制化学公司。——译者

也测试下理查兹是否认可我的会议组织方式。理查兹现在是我的中间客户，我们如期会面，就研讨会的目标达成了共识，对彼此也非常认可，双方同意进一步推进咨询项目。

接下来的步骤是在下一个月与培训总监见面，他是本次年会的策划人和负责人。我们碰面的主要目的是制定详细计划，包括我组织研讨会的时机和方式，以及如何将其融入年会的整体活动安排。因此，他成了我的主要客户。同时，他也成了我的顾问，他帮助我设计出针对公司当前的显著问题并符合玛迪公司企业文化的研讨会。

在年会上，我遇到了很多管理人员：执行委员会的成员显然应该是我潜在的主要客户，一些部门负责人和地区负责人同样如此。在与他们每个人的沟通互动中，我有两个目标——探寻情况、提供帮助。这两个目标也是我衡量与他们沟通成果好坏的标准。

会议策划小组的组长是沃克（Walker），其他成员包括总裁和几位执行委员会成员，他们负责督导整个会议并根据需要及时调整计划。他们邀请我加入策划组，并在会议过程中及时给予他们帮助，于是他们这个团体也成了我的主要客户。

而就研讨会而言，参会的45位管理者是我的主要客户，因为他们才是我参加研讨会所聚焦的问题的所有者。在会议过程中，有与会者要求单独和我沟通，讨论特定问题，他们随即成了我的主要客户。在研讨会结束之后，理查兹邀请我继续为公司提供咨询服务，提升公司的创新能力。他将自己、执行委员会成员和沃克定义为我的主要客户，并让沃克负责我提供咨询的日程安排。这样一来，沃克又一次成了我的联系客户。

随着咨询项目的发展，我与公司高级管理层、执行委员会成员以及之后两年年会的参与者都有了接触。显然，整个公司是我的最终客户。

沃克和培训总监继续在管理发展项目中扮演联系客户和主要客户的双重角色，因为在后期的咨询项目中，组织发展和培训成了主要关注点。还有其他一些管理人员，随着参与会议或因某个特定问题而得到协助，他们也成了联系客户和主要客户。

案例：杰克逊战略咨询公司——面向顾问的咨询

这是一个关于最终客户的有趣案例。我曾经作为专家小组的一员，以研讨会的方式帮助杰克逊战略咨询公司（Jackson Strategy Consultants）提高顾问的工作效率。专家们与公司内部的高级顾问一起组成了一个咨询工作组，就营销、财务、人力资源和咨询技术问题展开讨论。专家小组的作用是向咨询工作组提供研究数据，并使用这些数据帮助客户改进他们分析问题的工具。

作为咨询方法论和流程专家，我受邀参与了此次研讨。在与公司成员的个别沟通和小组讨论中，我们探讨了很多内容，诸如客户的真正需求、客户的组织文化以及顾问如何有效地管理协助关系等。我提供了咨询模型，客户提供了案例素材，然后我们再运用这些模型和案例来探讨新的客户问题分析工具。

我们的基本规则很清楚——如果没有特殊原因，专家小组不被允许和最终客户（杰克逊战略咨询公司的服务对象）直接接触。因此，我们向最终客户提供的所有帮助都必须通过中间客户（杰克逊战略咨询公司的顾问）来实现。表面上看，这个案例并不复杂。然而始终存在一个悬而未决的问题，即专家小组在面对杰克逊战略咨询公司的服务对象（也就是最终客户）时是否具有发言权，或者说是不是应该具有发言权。对于这个问题，我的做法是跟进并监督杰克逊战略咨询公司的顾问所采取的具体措施，他们在案例中所采用的干预措施基本符合我对于"有效帮助"的定义，在此过程中并没有因为这个问题而产生冲突。

通常情况下，我们的工作是作为培训顾问或"影子顾问"，而在杰克逊战略咨询公司却截然不同，因为专家小组的目标是提高整个咨询公司的效率，但公司如果雇用了与我们理念不一致的顾问，或是承接了我们认为不应该接受的客户，这样就可能导致我们对项目失去掌控。

结　语

关于客户的话题，最重要的一点就是顾问必须时刻清楚自己的客户是谁，必须能够清晰地区分出联系客户、中间客户、主要客户和最终客户。尤其是当顾问在组织中与多个不同部门合作一段时间之后，很容易忘记客户到底是谁。

在管理情境中，类似的情况被定义为"走动式管理"（management by walking around）。四处游走的管理者会发现他正面临多种类型的客户的情况，有些员工会直接向他求助，有些员工发现了问题需要他协助跟进调查，还有些员工会被动等待管理者的询问。无论何种情况，管理者都应该厘清自己所要扮演的角色，如果他决定采用过程咨询的方式，就必须确定谁是主要客户。

不能或不愿采用过程咨询方式的管理者可能不适合走动式管理，因为他们更像是警察或密探而不是帮手，而这往往适得其反。旨在提供有效帮助的管理者必须搞清楚帮助对象，以及如何提供帮助。

第八章

有效干预策略

协助过程始于你的第一次问题回复：如果你是一位管理者，问题始于下属走进你的办公室或者致电给你要求讨论某些事情；如果你是一位顾问，问题始于有人打电话来询问你是否愿意协助他们解决某个问题。

在这两种情况下，你所说所做的一切就是你的第一次干预，你必须认真考虑所有选择。你的所言所行都是在构建某种情境，建立期望或传达你对自己和他人的看法。一旦情境构建完成，对方就会按照他所认为的最佳途径实施干预措施。因此，你必须保证干预措施符合自身的战略目标、价值观和潜在假设。

例如，你认为自己是解决某类问题的专家，或是以前曾经如此标榜过，你应该立刻判断自己的专业知识是否能够满足下属或潜在客户的需求，如果不能，你就应该迅速终止对话并推荐其他更合适的人选。如果你认为自己是"医生"，能够做出诊断并开具处方，你就应该邀请下属或客户，通过一系列提问做出诊断，表达意愿并展示能力，同时你还可以表达解决问题的决心，从而卸下对方肩上的重担。

如果你认为自己是一名过程咨询顾问，可以协助客户自助，促进其完成工作，那么你会采取截然不同的方式。在最初接触时，你并不能确定能否提供帮助、客户的动机是什么、准备的程度如何、客户的依赖程度以及你对此的接受程度如何。在管理情境中，上下级之间同样存在这种不确定性。那么你应该基于什么标准来回应最初的询问呢？

初步干预策略

过程咨询的难题在于顾问希望同时实现多个目标，因此必须制定干预策略。这些目标包括三类：

（1）**提供帮助**。顾问或管理者所采取的任何措施都必须被客户或下属视为有所帮助。

（2）诊断。初步干预策略必须创造出诊断条件，让过程咨询顾问可以深入了解现状，以及客户需求、求助原因、所面临问题、涉及对象和客户期望。此外，诊断活动的目标还包括培养客户自身诊断问题的能力与技巧。

（3）建立干预团队。过程咨询顾问并不会将客户的问题揽到自己身上，顾问和联系客户应该共同制定接下来的行动步骤，在最初的干预措施中必须明确指出这一点。随着咨询项目的进展，客户会随之变化，但必须始终保证干预措施由顾问和客户共同制定并共担责任。

本质上说，顾问要做的就是提出问题或做出评论，以做到：

- 帮助客户深入思考；
- 揭示现状信息，并教会客户如何收集和分析信息；
- 告知客户自己会提供帮助，但不会包揽客户的问题。

难点在于如何在建立协助关系的同时，不做出任何主观臆断。毕竟你对现实情况并不了解，也不知道你是否能够提供客户想要的帮助。此外，对于潜在客户的期望及所蕴含的潜在假设，你的感受如何也未可知。下属冲进办公室求助或是接到客户寻求建议的电话，往往会引发很多感受，可能是因被打扰而恼火，也可能是自豪和喜悦，因为有人将你视为专家并向你求助。

出于这些考虑，一开始保持积极但中立的态度非常重要，切忌在语气或内容之中加入个人情感。你应该立刻抱着"探索精神",向对方询问,以达到上述三个目标。

聚焦于"现时现地"往往是最好的方式,通过提问进一步了解客户的需求、求助于我的原因、选择在当下求助的原因。我通常会问:

"我想听你多谈谈关于这件事的看法。"

"你认为我能提供哪些帮助?"

"为什么选择向我求助?"

"为什么选择在这个时间点求助?发生了什么状况吗?"

此时我应该规避各种成见、对客户或问题的思维定式、倾听过程中的偏见,以及对客户陈述内容的情绪反应。情绪反应的危害最大,在客户的陈述过程中,往往会有与我认知不符的内容,让我想要与之辩白。

譬如,某公司的员工致电我:"沙因教授,我听说您策划和实施了很多以沟通为主题的研讨会和讲座。我们打算在下个月举行一场中层管理者的研讨会,并在会议第二天下午安排一场以沟通为主题的讲座,时长大约两个小时。您是否有兴趣参加?另外您将如何计费?"

听到这些,我的所思所感可能会是:

(1)我从未策划和开展过以沟通为主题的研讨会和讲座。我应该如何让他获悉这一信息但又不会"浇他一头冷水"?

(2)我不想简单回绝他是因为他可能需要一些我能够提供的研讨会或讲座。

(3)我可能会对他所在的公司或部门产生兴趣。

(4)当他人对我形成思维定式(只擅长沟通主题)时,我感到十分不满,但是我应该尽力提供帮助而不该将这种情绪流露出来。

尽管我不会如他所愿提供沟通主题讲座,我仍然会为合作留有一些可能。因此我可能会说:

"我的确偶尔会为公司组织研讨会,不过我想对你所说的项目有更多的了解,还有哪些备选的主题可以考虑?另外,你是如何找到我的?能和我详细谈谈吗?"

我刻意没有直接回答问题或提出收费标准,那样就不免进入问询者的惯性思维,除了接受和拒绝之外不会有其他选项。而当我了解更多信息后,如果确认建立合作关系则是双赢之举,那么我就会提供我愿意探讨的主题及讲授的时长,并根据准备内容、交通时间和听众数量决定费用。

是否与该公司建立合作关系取决于多个因素。首先,联系客户自身必须有足够的决策权限,至少他应该能够联系上拥有决策权限的人。有时客户希望得到帮助却无力付诸实施,这是我希望避免的。其次，我希望客户对我的专长领域和研究背景（群体心理学和组织心理学）有所了解，我并不希望自己被认定为市场营销、生产制造或是其他职能领域的专家，从而从一开始就误导客户。再次，我希望对方的需求是解决"过程"相关问题，如果客户仅仅希望我给出一些信息或是进行评估，我就兴致寥寥了。最后，由于我并非专职顾问，每周只能抽出一天时间提供咨询服务，所以时间安排必须能够相匹配。

如果满足上述四个条件，即使我只能解决客户的部分问题，我也愿意与之建立合作关系。或许来电者真正需求的是为整个管理项目提供帮助，而这种需求会在我询问相关主题或研讨会的时间安排中显现出来。我们可能就研讨会的设计达成合作，而忽略我是否举办讲座，最终我可能是作为一名设计师而不是讲师给予其帮助。我会向客户讲述一些我曾组织过的研讨会案例，以及一些客户公司如何通过开拓思维来解决某个研讨会问题的事例。在讨论过程中，我会在专家角色和过程咨询顾问角色之间来回切换。

如果客户需要的仅仅是两小时的讲座，我们就能很快敲定演讲主题、日程安排和收费标准。但客户最初的要求并不一定是其最核心的需求，过程咨询顾问必须深刻理解这一点。接下来，我会用几个案例展示如何实现诊断和共担责任。

案例：埃里森制造公司——延期举行团建活动

在这个案例中，我无意之中的干预以出乎意料的方式提供了帮助。我曾与埃里森制造公司（Ellison Manufacturing）的厂长一起工作过几个月，我们之间是一对一的咨询关系。他希望能够找到一种策略，可以让工厂的管理层之间、管理层与员工之间建立起更多的信任。这位厂长想出了一个他认为非常合适的方案——把工厂的高层管理人员（他的直接下属）组织起来，举行一次为期两天的外部团队建设活动，希望将他们打造成一个真正的团队。他和我、公司的组织发展顾问一起吃工作餐，对此方案进行讨论。

我的角色是协助设计为期两天的会议的议程，并明确我在会议中所扮演的角色。午餐开始后，我觉得我需要先了解公司和人员的大致信息。因此我问他："在你看来，哪些人会来参加这个会议？他们的职务是什么？这位厂长开始罗列与会人员的名单。当写到第三个名字时，他显得有些犹豫不决，他说："乔（Joe）是财务负责人，但我不太确定他能否胜任。我有点担心他的能力，我还没想好应该留下他还是将他调走。"听到这番话，我接着问他是否对团队中的其他人也有同样的担心。他告诉我还有一位管理者也没有证明自己的能力，也许也不会留在团队中。

这时，我们三个人都产生了共鸣，厂长说："如果我连这两个人的去留都还没有确定，是否还应该举行此次团队建设活动？"我反问他，如果继续进行这个活动，而最后他又不得不请这两人中的一位或两位离开又会怎样。他的结论是，如果这么做会严重影响团队，另外对这两个人来说也是不公平的。

接下来，我们又讨论延期举行团建活动的利弊，最终厂长决定等对两位边缘人物的去留做出决定之后再组织团建活动。至此，我们都松了一口气，还好我们及时发现问题，防患于未然。

需要注意，本案例中的关键信息是由一个无关紧要的问题引出的，而询问过程能够让厂长通过思考自己做出推迟团建活动的决定。尽管此次团建活动被推迟了，但厂长依然认为此次午餐是一次最有帮助的干预。咨询过程的战略目标已经实现。

案例：全球电力公司——取消管理层会议

类似的场景发生在我受邀参加一个大型跨国公司全球电力公司（Global Electric）的年度管理会议上。这次会议的目的是帮助总裁组建一个高层管理委员会。由于此前公司各个部门的运作比较各自为营，总裁希望以我们的咨询项目作为切入点，组建一个跨部门的项目小组，并逐步通过这个小组将公司的业务串联起来。

我的对接人是该公司管理发展及培训部门的总监。在几次会晤中，他向我介绍了公司的简要情况：他们现在迫切需要建立一种机制，让跨部门的经理沟通会议能够自发举行，同时他们又坚信类似的会议必然需要外部人员的参与。一方面，外部人员的介入可以为举行会议提供由头——如研讨会等；另一方面，顾问可以作为会议的促动者和协调者，让会议能够顺利举行。因此，外部顾问的介入干预是必不可少的，虽然团队的实际目的是建立一个协作能力更强的管理者团队。

经过几个月的计划和准备之后，我们计划在该公司欧洲总部与公司总裁见面，讨论确定该项目的细节内容。在与总裁的讨论中，我们发现了一个新的问题。总裁担忧的是两个核心部门的负责人，其中一个过于桀骜不驯，另一个又过于软弱而唯唯诺诺。总裁希望能够将两人都安排进高层管理委员会，并通过委员会其他成员对两人的反馈来促使两人改进。虽然我对该委员会实现这种效果的能力深表怀疑，但总裁表示可以按部就班慢慢来。于是我们决定举行一次关于管理者职业定位和管理风格的研讨会。类似的做法我曾经应用于玛迪公司，效果很好。

在研讨会开始前的两个月，我收到了联系人的电话，他告诉我，他们非常抱歉，研讨会取消了，他也不确定后期是否还需要召开这样的研讨会，并让我把费用账单寄给他。后来，我从另一客户处才了解到事情的真相。这位客户对前述客户公司的员工非常熟悉，他告诉我关于这家公司的管理轶事已经成了行业内的热门话题。

这位客户告诉我,总裁对于那位软弱的部门负责人非常不满,于是把他替换掉了。而这位部门负责人被替换之后,组织内的大部分问题也随之消失了,于是我们的研讨会也就没有了举行的必要。后来,我还从我的联系客户那里获悉,我们和总裁的那次长时间会晤在一定程度上加速了总裁做出这个决定。那次见面使得总裁对引进外部顾问的行为和目的进行了反思,而且他也注意到了我对高层管理委员会成员反馈所产生的影响力的质疑,于是决定采取其他方式来解决问题。

这次咨询过程非常简短,看上去还没开始便已结束,但过程咨询的战略目标同样已经实现。这个案例可以被视为成功地向主要客户——公司总裁提供了所需的帮助。

案例:汉森实验公司——拒绝扮演医生角色

本案例中,客户与顾问的期望之间存在明显的冲突,我所理解的此次咨询项目的战略目标显然不符合客户对咨询公司顾问的期望,因此咨询合作很快就终止了。

我之前的一位学生在规模不大的汉森实验公司(Hansen Laboratories)担任高级经理。该公司每年都会组织年会,参加年会的是分布在全球各地的主要经理。该公司由他叔叔和他叔叔的一位兄弟经营，后者为公司的总裁。我的学生分别向我和他叔叔提议他们公司的下一次年会应该邀请一位像我这样的顾问来参加，让顾问担任会议讨论的促动者。他非常希望我能够抽出时间来参加。

我被告知，我的工作主要是在高层管理人员对未来战略进行陈述后，向那些"沉默不语"的人提出质询性问题，以推动他们参与讨论。他们认为像我这样的顾问可以以他们无法做到的方式，让参会的"沉默者"开口发言。

于是我顺着问了个问题：为什么他们认为在这样的年会上需要一个外部人士出场？我的学生告诉我，在过去的几年中，年会的效果都很差，那些海外经理都没有按照预想中的那样参与到会议的讨论中来。于是我让他向我描述那些会议的具体情况。这个问题促使我的联系客户开始进行诊断性思考——他告诉我，其实高层们对未来战略进行讲述是想听听大家对此的意见和看法，但高层们营造的氛围却让大家只想表示服从。另外，许多应该就报告提出意见和建议的管理者还面临语言障碍，而且他们之间还存在不同程度的竞争关系。我猜想那些与会的经理可能会认为在年会上发表意见并不"安全"，因为这容易给高层管理者和同事们留下不好的印象。最后，他表示其实他也不确定高层管理者是不是真的想听取别人的意见。

基于联系客户所陈述的情况，我认为我能起到的最大帮助就是让我的联系客户意识到问题的根本原因在于让经理们参与讨论的机制并未形成，引进一位外部顾问也无济于事。因此，我就高层管理者对团队参与讨论的重视程度、讨论会的氛围设置等又继续提出了一系列质询性问题。我想了解在为他人设置参与机制之前，他们是否首先对"参与决策"做出了承诺。我说，如果高层管理者真的希望与会者能够参与到会议中来，他们可以对此进行沟通并建立相应的机制，把不发言的经理们也吸纳进来。我提议可以帮助他们设计这样的机制，但我坚持认为在这样的情况下，单单引入外部顾问无法产生帮助。

我的对接人，也就是我的学生表示，总裁不太擅长鼓励大家参与发言，而他叔叔又不愿意扮演这一角色，因此他们才希望由一位外部人士来完成这一任务。但是他相信，这两位公司高层都是真心希望团队成员能够参与讨论。

而对于我来说，我对年会的情况还有很多不了解的地方，而且我也不了解公司高层届时的反应，因此我暂时还不想确定参与会议。为了能够有所帮助，我需要"近距离"了解更多信息。我让我的学生转告他叔叔，说我想和他本人见面，以便对会议的安排进行设计并讨论是否需要引入外部顾问，而这次会晤也将作为咨询调研来计费。我想从这点上测试他们是否真的有动力来解决这一问题，同时可以更多地了解他叔叔的想法。

他叔叔果然给我打来电话并安排了2个小时的会晤。在会晤中，他重复了他侄子所说的一切，他强烈要求我参加公司年会。他说我们可以一起搭乘巴士到达乡村酒店，然后举行为期三天的封闭会议，会议结束后再乘坐巴士返回。我在乘坐巴士前往酒店的途中就可以着手活跃团队气氛，在会议中可以向缄默的经理们发问，在返程途中也可以进一步推进工作。当我问到他们为什么自己不创建一个更有利于大家参与的团队气氛时，他有点闪烁其词，说他们缺乏这种技能，尤其指向了他的兄弟（指总裁）。

这使我更加紧张，也更加抗拒他们的提议——这种情况使我感觉完全不对劲，因为我提出的建议和他们的动机完全不匹配。根据我和他叔叔的谈话，我得到的结论是他们并不知道自己真正想要的是什么，他们给出的信息并不明确，或者说他们想要的就是明确的与会者的服从。我感到顾问的参与只会让情况变得更糟，因为在顾问的鼓舞下，一部分人会发表意见，但他们的意见并不受欢迎。我委婉地把想法传达给了他叔叔，却意外地遭到了对方的反对和抵制。看来他已经拿定了主意，一个外部协调员就是他的答案。我告诉他我对此无能为力，希望他尝试从公司内部解决这一问题。

坦白说，从实际情况来看，同意客户提出的解决方案是不明智的，甚至有百害而无一利。因为他们希望找到一个医生来诊治他们可能误诊的问题，并不愿意通过更多的过程咨询来承担干预责任。我也不知道让基层管理者积极参与讨论是否会受到高层管理层的欢迎，或者是否符合基层管理者的利益。

在这样的情况下，我所能起到的帮助作用就是将所有这些考虑和盘托出，以便他们叔侄二人对这些问题有所了解。我把我的意见写成了一份长长的邮件，详细阐述了我的分析和考虑。我收到了 2 小时的咨询费用，但没有进行进一步的沟通合作，因此我无法知道我的干预最后是否真正对他们产生了帮助。

案例：国际石油公司——设计并参与年会

这个案例清晰地展示了初步干预策略的三个目标，实现过程却反映出担任过程咨询顾问的技术复杂性。国际石油公司（International Oil）是一家大型跨国石油化工公司，总部设在欧洲。我有幸结识了公司管理发展部门的几位员工，也曾与高管史蒂夫·斯普拉格（Steve Sprague）先生碰过面。

当时，发起这个项目的原因是公司的一些高管希望对公司的企业文化进行审视，以判别企业文化能否匹配未来十年的发展战略，而我受邀参与到此项目中是因为他们了解到我当时刚好就组织文化发表了几篇论文，并出版了一本书。

一天，我接到了该公司某位管理团队员工的电话，他正在筹划为期三天的公司年会，参与年会的是公司最高层的40名高管。他邀请我参加其中两天的会议，让我听取他们的内部讨论，并做一场关于组织文化的报告。报告需要结合前期讨论中所涉及的公司案例，我也需要对他们的组织文化给出反馈。因为并没有要求我全程参加会议，最后的总结会也没有安排我的议程，因此邀请我参与会议的最初目的是希望我在第二天的会议中给出一些教育干预。

我对这家公司很感兴趣，也希望了解更多不同公司的企业文化，因此这样的邀请正合我意。在我接受对方最初提出的项目要求之后，我却被告知关于会议的后续工作改由斯普拉格来负责对接，而他已经升任为公司的执行副总裁，直接向董事长汇报。我们约定在他下一次到美国出差时会面。

在此次会面中，斯普拉格详细介绍了公司的战略情况，并说明了此次年会的重要目的就是认真考虑公司前期制定的发展规划是否依然合理、发展速度应该放缓还是加快、如何确保公司高层严格执行公司决议。此外，我还了解到，目前由斯普拉格负责为期三天的年会的整体议程筹划和安排，而此次会面他希望不仅向我提供做报告所需要的简短公司介绍，而且邀请我对整个会议的筹划进行审视和完善。客户最初的需求是要我在年会上做个有关组织文化的报告，但现在斯普拉格却成了我的主要客户，他希望我作为专家来帮助他对年会进行规划筹备。我发现我的角色发生了变化，从过程咨询顾问转变为专家。因为我们所讨论的是关于年会的规划设计，而在这方面我显然比他要更驾轻就熟。而且我们双方彼此都意识到了这个角色的变化，相互沟通达成了共识。

根据斯普拉格所设定的目标，我们一起对会议议程的每个环节都进行了审视，我不由地产生了一个新的想法——如果我以过程咨询顾问的身份参与到会议中，一定会更有帮助。由于我可以腾出时间参加整个会议，斯普拉格决定让我在整个会议中担当多个角色。在会议的第一天，我会简要介绍一下组织文化和战略，同时告诉大家，我会随着会议的展开，和大家一起探索这些主题之间的相互关联；我会在第二天进行组织文化主题报告；最重要的是，在第三天，我将主持一个研讨会，看看在三天的会议中，这些高管就公司未来战略在哪些方面达成了共识。

这些共识与公司战略紧密相关，但与公司内部人员相比，由我来对与会者达成的共识进行检验会更加客观和科学，同时，我还可以把董事长从事务性工作中解放出来，让他负责一些倡导性工作。因此，我们两人都认为让我来引导大家达成共识非常合适。而斯普拉格对董事长的性格非常了解，他认为董事长能够接受由外部顾问来扮演这一角色。在我与斯普拉格的讨论中，他对公司战略和组织文化的深刻洞察让我非常放心。虽然没有时间和董事长碰面，我还是果断地接受了这一任务。

在三天的会议中，我的工作按照计划顺利进行。对于我作为外部顾问参与到年会中，董事长也非常满意。他感到他可以把更多的精力放在会议内容，也就是组织亟待解决的具体战略问题上，这让董事长一下子解放出来。在此之前，董事长不仅要关注内容，还要主持会议。

就我的工作来说，我把干预的重点放在任务流程上。譬如，有时为了弄清楚某个问题，我会采取多种方式——通过重述听到的内容来进行确认、提出澄清问题、重申目标、在接近总结阶段测试共识、对关于我的正式报告的内容所达成的共识进行总结。

在准备对公司的组织文化进行反馈报告的时候，我首先给出了一些组织文化的正式定义和描述，搭建出基本框架，然后我要求各个讨论小组展示具体的讨论成果。也有某些讨论组成员要求我直接给出对他们公司的企业文化的看法和评价，但从我的过往经验来看，最好不要直接给出答案。因为即使顾问提供了理论上完全正确的答案，依然会引发与会者的防卫或反对。所以我反复强调，只有组织内部人员才能够理解组织的关键文化假设，应该请讨论组成员自己来提供答案。

在最后一天，我梳理了讨论所涉及的各个模块，请讨论小组进行总结陈述，同时我在白板上将总结记录下来以便能让所有人看到。我以这样的方式来检验此次会议所达成的共识程度。因为我承担了主持工作，所以董事长能够更加积极地给出自己的意见，而不用陷入对其他人所提出的结论进行澄清或挑战之中。在这三天中，通过收集和分析信息，并对某些故意含糊其词的成员提出挑战性问题，我将一些问题澄清。在这个过程中，我既是过程咨询顾问，也是管理专家，我会时不时地对结论进行点评。

例如，在会议上我们讨论了分权问题。事实上，将权力下放给业务部门反而会导致这些目前处于不同地区的部门失去权力，因为业务部门的办公室全部设置在总部所在的城市，因此将权力下放到业务部门反而会带来权力的集中。在会议中，我指出了这一措施对其他政策的影响，如会导致跨部门和跨地区的人员流动。

这一活动最后取得了圆满成功。几个月后，在对会议成果进行评估检验之后，我和斯普拉格再次会面。他告诉我，董事长和他都非常满意，无论是对于讨论的过程还是对于讨论得出的内容和结论，将我这样一个外部顾问引入到会议中都起到了极大的帮助。

结语：策略与客户管理的复杂性

我所展示的这些案例说明了过程咨询顾问管理和干预多个策略目标的复杂性。不仅客户不可预测，随着每次干预的实施也会出现一些新信息使重点发生转变，因此过程咨询顾问必须在专家和过程咨询顾问的角色之间自如转换。

很多关于咨询过程的描述都将签订合同作为开始，但在我看来，合同的本质、谁是客户、与谁签订合同不断地发生着变化。因此，"合同"应该是一个永恒的过程，而不是在咨询开始时签订的几页文书。

客户也是如此，很多咨询模型强调需要精确定义客户，但正如我在前一章所言，客户分为四类而且可能进行转换。我只能明确谁是我的联系客户——前来拜访或致电的人，一旦我与联系客户合作并制定下一步骤，客户群体就会以无法预测的方式不断扩大。

核心原则就是千万不要在对客户缺乏了解或没有得到客户许可的情况下，单方面地定义主要客户，否则就破坏了让客户始终承担问题的目标。只有当前主要客户和我都认为需要新客户加入，从而共同制定决策并承担责任时，我才会切换主要客户。

第九章

干预战术与干预风格

制定战术目标

管理者和顾问如何时刻规划他们的干预措施？他们有哪些选择？不同干预方式的后果是什么？这些都涉及干预战术与干预风格。

从顾问或管理者的首次回应开始，他们就建立了与客户和下属之间的协助关系。咨询过程中的最大陷阱在于顾问和管理者没有意识到首次回应客户的过程是如何传递重要信息的，尤其是当客户对这些信息的理解和成见与顾问一致时。客户可能会巧妙地将顾问"架"到某个顾问不喜欢但无法回绝的位置上。等彼此恍然大悟时，可能为时晚矣。

正确的回应与战术选择有关（见表9-1），顾问可以充分利用：（1）探索式干预；（2）诊断式干预；（3）行动建议式干预；（4）对抗式干预。

表9-1　根据战术目标对干预手段进行的分类

探索式干预	"请继续。" "请问为什么会给我打电话？" "你能介绍下基本情况吗？" "你怎么想？"
诊断式干预	"你如何看待这个问题？" "会议中发生了什么事情？" "在这种情况下，我能做些什么？" "我能够提供哪些帮助？" "为什么现在这个问题比较严重？" "为什么会聘请外部顾问？"
行动建议式干预	"你尝试采取过哪些措施？" "你考虑过这些备选方案吗？" "或许我们需要厘清你现在究竟需要什么？" "做这些事情的利弊是什么？"
对抗式干预	"你应该采取这种措施……" "你为什么不尝试……" "你好像钻牛角尖了，需要跳出来想一想。" "如果希望我提供帮助，你需要明确你的目标。" "在我看来，你对这个人非常不满，对吗？" "你的感受是不是影响了问题的解决？" "你难道不应该自己解决问题吗？" "是什么阻碍了你解决这个问题？"

探索式干预表明我打算对可能发生的情况做出尽可能少的推断，让联系客户可以用他喜欢的方式陈述问题。我不能站在专家或医生的角度收集信息，这就是我的战术目标。相对而言，顾问

比管理者更容易做到这一点，因为管理者往往对可能发生的事情和应对方法有着强烈的预判。回到我担任系主任一职时，学生或同事请我协助解决问题，最难做到的初步干预就是积极倾听，然后通过鼓励他们"请继续说得详细一些"来进一步探索。

当从探索式干预转向诊断式干预时，重点也随之从试图找出客户的需求转到让客户认真思考实际情况，这对于培养客户的诊断技能和责任感不可或缺。但此时顾问并没有给出自己的诊断见解（这种方式往往比较有对抗性），相反，这种方式鼓励客户自己进行诊断和思考。

管理者要想扮演好过程咨询顾问的角色，就必须抑制住提供建议的冲动，而应该鼓励下属和同事自己思考问题。探讨的焦点应该是客户的思考过程——"你认为这是怎么回事"，而不应该是顾问的思考——"这是我认为的可能情况"。

当某位年轻教师的授课评价较低时，"你认为哪些行为可能会产生这些负面评分？""我认为你讲得太多，没有给出足够的事例"两种干预方式的效果截然不同。即使后者的建议是正确的，我也坚持认为他通过自己思考能够比直接接纳批评和建议收获更多。

从诊断式干预转向行动建议式干预之后，如果客户开始着手解决问题，顾问关注的重点会转向客户可能希望实施的其他新行为，与此同时，客户还能够从中学习解决问题的方式。通过这种干预方式，顾问和管理者可以分享自己的看法，但他们往往采用暗示的方式，并强调存在多种可能性。

如表9-1所示，你可以请客户考虑其他选择，也可以提供一些可行建议。我可以请这位年轻教师思考其他授课方式，也可以给他一些建议，如"授课过程中，不要只讲理论，可以结合你的实际经历举出例子，也可以请学生就你所讲授的内容给出一些例子"。

对抗式干预之所以会遭遇客户的抵制，是因为顾问通过对客户行为的关注，融入了个人的诊断见解，而对于顾问所讲述的事实，客户可能尚未准备好接受或不愿接受，因此产生对抗性。所以，对抗式干预通常只在前三种干预方式均不奏效的情况下才会被采用。对抗式干预，既要激发客户活力，也要获得更多诊断信息。

譬如，当客户的反应是否认或辩护时，顾问应该回到探索式或诊断式干预策略，从而维系协助关系。与此同时，顾问可以通过仔细聆听客户否认或辩护的内容，进一步了解实际情况。顾问所说的哪些内容触发了客户的反应？客户否认了什么？为什么否认？客户的感受是什么？为什么出现这种感受？

正如库尔特·勒温所言，面对人力系统时，我们只有试图改变它，才能真正了解它。这就是"行动研究"的真正含义，系统只有在受到某种形式的干扰之后才会呈现出有价值的数据。问题在于如何控制好干扰的尺度从而不至于使系统产生防御性,进而导致协助关系的破裂。在过程咨询模型中,提供帮助是首要原则和核心战略目标。为确保这个核心战略目标的实现,顾问可以采用对抗式干预策略,但必须小心谨慎。

在采用对抗式干预策略时,管理者和顾问的处境可能略有不同。顾问如果过早或不恰当地采用对抗措施,就很有可能面临被解雇的风险。管理者显然不会被下属解雇,下属却可以在思想层面上屏蔽管理者且不会被管理者察觉,因此,管理者需要更加谨慎地使用对抗式干预策略。

如果我贸然向年轻教师提出对抗式建议,他们可能向我报以礼貌的微笑,心里却对我的建议不屑一顾,并暗暗决定不再寻求我的帮助。如果出现这种情况,我们的关系势必会大受影响,想要弥补或再施加其他干预措施也将更加困难。

我们也可以结合变革理论来探讨这个问题,在咨询中使用何种干预措施取决于客户解冻的程度。如果此前客户已经接受过否定信息,并因此感到内疚或焦虑,顾问只需要使其建立心理安全感即可;如果客户只感受到了痛苦,却没有意识到问题对个人愿望或目标的影响,则顾问在让客户关注否定信息时需要格外谨慎,因为这种行为基本都是对抗式干预,只有使客户充分建立心理安全感时，给出否定信息才会具有解冻的建设性作用。

在实践中，我进行对抗式干预的程度取决于我所起到的帮助作用的大小以及客户对我的信任程度。因此，我需要通过探索式干预、诊断式干预和行动建议式干预来收集信息，了解客户能否正视对抗，判断客户听取并接受我的对抗性质疑和评论的心理准备程度。一旦发现情况与我的判断有异，我将立刻停止对抗性干预。

随着顾问对客户及其组织文化了解的不断深入，干预策略也会随时调整变化。早期无法实施的对抗式干预策略在后期可能是家常便饭。但顾问必须谨慎，切忌因为对客户和系统有了一定的了解就盲目加速，因为进度太快导致的抵触和防御是不可逆转的。

如果客户已经解冻，其变革动力很强且很有安全感，那么诊断式干预措施与行动建议式干预措施最为有效，这两种方式最能帮助客户重塑思维，并为客户提供全新的视角和行动建议。而客户则有动力进行探究并合理对待顾问的建议，因此对抗式干预就不再有必要采用。当客户出现抵触情绪时，顾问需要反思是否错误判断了客户的解冻程度，并重新回到变革过程的第一阶段。

下面这个案例主要围绕对抗式干预实施过程中出现的问题展

开。其他三种干预措施实施相对比较简单，但不免会出现对抗的情况，而正是在对抗中，过程咨询顾问才会发现协助关系中的某些更深层次的动因。

案例：玛迪公司——变革项目中对抗管理的文化分析

在第七章中，我应邀参加玛迪公司为期四天的年会，并为45名高管举行关于领导力、创新和管理发展的研讨会。该研讨会介绍了职业锚，并设计了许多关于职业规划的练习，反响很不错。因此我受邀为公司变革创新的全过程提供咨询，总裁还邀请我参加了第二年的年会，不仅要举办讲座，还要对年会过程给出建议，以让年会效果更佳。因为公司特别信服外部顾问的权威性，所以他们很难理解过程咨询顾问的角色，但我通过讲座充分证明了自己的专家身份，因此很有信服力地参与到后期的会议中。

为了策划年会，我与培训总监密切合作。公司打算启动一个重大转型项目，这将涉及总部和多个部门的裁员问题，而且，一般情况下，还需要经过几年时间的重组才能提高公司的盈利。公司的独立董事——一位企业政策方面的教授也受邀参加会议，他将在会议中披露公司财务状况。

年会又变成了一个重大的解冻过程。财务副总裁指出了公司所面临的财务危机，却未能说服部门主管和办事处代表。于是这位教授（独立董事）要求大家正视现实，如果不实施重大的转型项目，可以预见公司在未来的发展将极为惨淡。这种迫使团队直面否定信息的干预是强烈的对抗式干预，团队变得极为焦虑不安、情绪低落。我和这位教授进行了一次详谈，探讨接下来应该采取的步骤。我们一致认为下一步必须展示光明的一面，让团队看到希望。换句话说，我们必须提供足够的安全感。

为了实现这个目标，我以变革理论为主题进行了演讲。在演讲中，我强调他们的感受很正常，与此同时还提供了变革工具，如力场分析等。演讲结束之后，团队被划分为几个小组，开始探讨变革项目的有利因素和阻碍因素，研讨结束后，他们汇报了讨论结果。

企业文化同时出现在"有利因素"和"阻碍因素"栏目中，因此我需要深入了解该组织的文化，以便在后续会议中给予反馈。同时，他们组建了多个工作小组，启动了一系列子项目来推动转型；他们希望我能在下一年的每个季度都预留出时间，与项目小组碰面并提供帮助；此外，我还将持续收集关于公司企业文化的信息，并在下一次的年会上汇报它对变革的影响。

界定客户的复杂性。相对而言，年会策划中的客户界定非常明确，但在随后我每个季度的跟进中，谁是主要客户就会变得模糊不清。从某种程度上来说，公司结构复杂也是原因之一。玛迪公司的执行委员会由总裁担任主席，共有9位成员，执行委员会负责公司的日常决策管理。从年会开始，我就能够感受到执行委员会成员对我的不同态度，有几位热情积极，也有一些人对我半信半疑。总裁鼓励执行委员会的每一位成员尽量抓住机会多与我沟通座谈，但只有三四位成员如约而至。

关于"谁是客户"这个问题，情况比较复杂。我的联系客户，公司管理发展和培训部门总监一直是我访谈活动的主要组织者，在年会策划和管理发展项目中他需要我的帮助和咨询，另外他还负责向我付费，因此他是我的主要客户。

总裁迫切地希望推动变革，他认为我是变革的催化剂，因此他也是我的主要客户。但他从第二年开始日益繁忙且身体抱恙，我和他会面的次数越来越少，而执行委员会的三名成员和一些部门负责人希望就转型过程中的相关问题得到我的协助，与我会面甚多；与此同时，组织发展和培训部门的基层员工将我视为专家，时常向我求助，因此他们都成了我的主要客户。

文化讲座。 为了准备在第三次年会中举行的企业文化讲座，我向组织中的许多成员求证了我对公司文化的理解，得到了广泛的认同。然而，在演讲中，当我提到公司文化的某些方面与军队文化（我使用的是中性词而非贬义词）有些相似时，执行委员会的两位成员立即发表了反对意见，他们认为我的见解既不正确也不相关，甚至认为我"既不懂军队文化，也不懂公司文化"。更为重要的是，尽管后期有更多的人对我的观点表示"一语中的"，但这两位执行委员会成员和部分管理者坚持以我"不了解公司"为由，用各种方式要求公司减少与我的咨询合作。

这种对抗式干预（向公司成员陈述该公司文化）使局面陷入尴尬境地，公司内部出现了两极分化，部分管理者对我支持拥护，一些则与我划清界限。总裁一直是我坚定的支持者，他却因病渐渐退出了管理层。在总裁离开之后，执行委员会就我是否能在变革项目中发挥有效作用出现了较大分歧。随后，我被要求进行的咨询合作仅限于管理发展部门内部。总裁的初衷是希望我能够与执行委员会建立良好关系，并帮助公司有效提升创新能力。因此，基于主要客户的核心战略目标，将我的参与限制于管理发展部门，无疑是性价比极低的做法。

经验教训。我们能够从这个案例中得到一些启发。首先，举办文化讲座的事例说明，过早的对抗式干预会产生十分严重的后果，尤其是在与那些没有建立充分信任关系的客户打交道时。此前我的各种干预措施都很契合公司的文化。我举行了讲座并引入了变革新概念；我以过程咨询顾问和专家的双重身份加入了策划小组，并对会议策划提供了专家式协助；在年会中，我澄清概念并有效推动了会议目标的达成，在会后还为诸多管理者就会议核心内容和后期的转型项目答疑解惑，提供咨询帮助。然而，在文化讲座中，我没有得到某些成员的认可，而且，在客户的企业文化中，对文化的探讨本身就是对文化的冒犯，这也恰恰证明了我对客户公司的企业文化尚未真正理解。

在讲座中，我本可以将通过访谈员工收集的企业文化信息进行分类，分析并给出建议即可，然而我却错误地认为我的一些独到见解应该与大家分享，我的自以为是让我落入了陷阱。该组织的企业文化中有着强烈的隐私意识，同时，他们还认为文化应该不宣之于口。具有讽刺意味的是，正是我的讲座（冒犯）让他们意识到了这一点，因为这些文化背后的假设只有在受到挑战时才会显现出来。

如果我能够与提出反对意见的执行委员会成员建立更好的关系，也许我能够弥补错误。然而部分管理者对转型项目进展顺利之后，是否还需要聘用外部顾问持怀疑态度，认为聘请顾问是无能的表现，因此我也就没有机会挽回局面。

第二个教训来自年会中财务部门所引发的对抗。财务副总裁和独立董事在两个阶段以清晰地展示否定信息作为干预措施，旨在实施有效的解冻过程。但在其试图说服管理层遭遇反复失败之后，策划小组最终决定引进外部资源，以采取更加直接、有力的对抗。负面的情绪反应并不出乎意料，而且也是必经阶段，然而我们应该在会议中介绍一系列应对变革的概念和方法，从而帮助成员建立心理安全感，最终消除负面情绪。

案例：科尔森制造公司——令团队直面对抗信息

多年之前，科尔森制造公司（Kolson Manufacturing Division）的负责人曾邀请我出席他们的例行会议。团队希望我能够协助诊断问题：他们总是感到压力过大，且总是无法做出最优决策。因此我作为团队成员进入该团队，并受到了团队的欢迎。我们约定每次会议结束后，都会花一些时间来对会议过程进行分析，然后我会提出我的看法和建议。

在会议中，我首先注意到的就是团队中的某位年长成员，每次他提出观点时都会被打断或被忽视。在观察几次之后，我终于决定向团队提出这个我认为可能会破坏团队效率的行为。然而，当我提出这个问题后，我立刻感觉到气氛变得很紧张，团队依旧没有理会这位成员。在一阵尴尬的对视之后，有人出来打了"圆场"，团队快速转换了话题。

我意识到自己可能"触动了某些神经"，于是没有继续追问下去。后来，我从团队负责人处得知，这位成员在公司创立早期曾做出巨大贡献，但他的技术已经逐渐落伍。由于他的历史贡献，公司并不想解雇他，于是将他安置在目前的岗位。团队都认为他已经跟不上组织的发展，只是出于礼貌才让他参会。这位成员对自己的边缘角色也心知肚明，因此他对被打断和被忽视并不在意。我提出这个问题等于捅破了这层"窗户纸"，让他和整个团队都感到了难堪。

经验教训。这个案例中有两个关键教训。首先，我没有正确地干预团队任务，而是错误地选择了干预人际关系（违反了我在第三章所提出的建议），也没有真正发现看似具有破坏性的人际互动行为是否干扰了组织目标的达成。其次，我在没有获得充足、准确信息的情况下，过早地实施了对抗式干预。

我应该更多地使用探索式干预方式，进一步询问团队是否对会议模式和团队参与程度感到满意，从而更好地实现协助目标。另外，我应该始终聚焦于任务内容和任务过程问题，而不必理会会议中团队成员的彼此关系。我所犯的错误，是在没有了解足够多信息的情况下，对这个特定组织应该如何运作产生了先入为主的判断（可以参阅第四章中讲述各种"陷阱"的相关内容）。

案例：洛顿研究中心——对管理者的诊断与对抗

在我早年的咨询经历中，出现最大问题的一次是受聘于洛顿研究中心（Lorton Research Division）的研发副总裁和实验室主任。我通过调研其团队中的若干位工程师，以了解整个团队的敬业情况。我的导师曾经为该公司提供多年咨询服务，这位研发副总裁联系了我的导师。导师工作繁忙，于是他安排我和另一位同事承接这项工作。导师告知我们研发副总裁和实验室主任迫切希望得到结果，于是我们就开始着手进行访谈。

在调研中，我们发现工程师们对该实验室的大部分情况都很满意，唯一的集中不满来自该实验室主任专制地设定目标和过程管控。我们将该发现记入了最终的报告。为了减少实验室主任的防卫心理，我们在报告中描述实验室主任的管理风格时，刻意没有特别指出这一点，而是将其隐藏在诸多观点中。

随后，我们向实验室主任进行汇报，并对报告进行解释说明。当我们将报告副本交给他之后，他浏览了报告，很快便留意到了关于他管理风格的部分。他极为生气，匆匆道谢之后就请我们离开了办公室。之后，我们再也没有从他或研发副总裁那里获得任何反馈信息。

经验教训。当我回顾这段经历时，我有两点体会。首先，如果我们没有直接和研发副总裁或实验室主任约谈，就绝不应该启动这项调研。对于各方想通过调研达到的目的，以及对于接受调研报告的准备程度，我们一无所知。换句话说，我的导师是我们的联系客户，但我们从未在组织内找到真正的主要客户。

如果我们有机会与实验室主任沟通，我们就有机会询问他，若工程师们谈论起他的管理风格，他会如何反应。如果他对此极为敏感，我们就会在报告中删去该部分内容。或者我们也可能意识到，既然他如此防备，我们根本不应该启动这一项目。在我们没有对假想的主要客户进行探索式干预和诊断式干预之前，我们就贸然实施了对抗式干预。

其次，我也意识到，如果没有准确地了解客户的目标和期待，就绝不能接受提供书面反馈的要求。意见一旦落于纸面，就难免落人口实，从而产生巨大的威胁。如果能替客户保守秘密，客户基本都能够接受反馈并采取相应的措施。如果我们没有将对实验室主任的批评写入报告中，我们或许有机会进行弥补。

然而现在，我们无意之间成了研发副总裁的棋子，对实验室主任和工程师们造成了不必要的困扰，实验室主任自身可能会有麻烦，工程师们也可能因为批评其管理风格而遭到处罚。

综上所述，干预措施应该循序渐进，首先应着眼于探索和诊断，当客户准备好接受下一步时，才能采用行动建议或对抗式干预措施。正如上述案例所示，顾问很容易因误判而过早地进入下一环节。由于最终的战略目标是厘清现状，针对问题与客户建立协助关系，并最终提供帮助，因此在考虑对抗式干预措施时，必须慎之又慎。

干预语言风格的选择

疑问句还是陈述句？

在实施干预措施时，我可以采用陈述句来表达某种观点，也可以通过疑问句来表达同样的内容。如果我想跳出过程咨询顾问的角色来掌控主动性，陈述句无疑是更好的方式。然而，过程咨询的目的是让客户承担责任，协助客户解决问题，而疑问句可以鼓励甚至迫使客户掌握主动权，因此通常更有效。

顾问采用询问方式并不代表其处于弱势地位，询问也可以展示很强的对抗性，甚至咄咄逼人，如"你为什么没有采取任何措施？""你为什么不试试这样的方法？""你难道不认为你现在应该解决这个问题吗？"值得注意的是，询问提供了进一步诊断的空间，而陈述则没有回旋的余地，对方只能遵从或拒绝。因此，表 9-1 中所列出的例子基本上都采用了疑问句，即使对抗式干预措施也不例外。

一个还是多个建议方案？

无论是采用询问的方式还是采用陈述的方式，应该给出一个还是多个建议方案呢？各有什么利弊？很多关于咨询的学术文章都指出，咨询顾问必须给出一个特定的解决方案，否则就不够称职。但我并不认同这种意见，这其中至少有两处谬误。

其一，在开放和动态的人力系统中，顾问并不能获得足够的信息以提出一个"完全匹配"的诊断或行动建议，只有客户本人才知晓建议方案是否适合自己。

其二，即使顾问确信建议方案十分有效，按照过程咨询"授人以渔"的理念，他也应该让客户在两个或两个以上的备选方案中自行选择，而不是直接将现成答案交给客户。顾问应该始终坚持让客户自我担责，使其保持积极主动并学会如何解决问题。

顾问可能对某个建议方案情有独钟，但我相信让客户看到多个方案的对比会更有帮助，而且能够提醒客户保持解决问题的开放性（存在多种可能）。如果客户执意要求顾问给出意见："如果你是我，你会怎么做？"顾问可以如实回答，但他必须提醒客户，自己的情境和假设与客户的并不相同，顾问的做法不一定适合客户的实际情况。

结　语

　　干预策略和措施必须遵循协助过程的基本假设。如果客户的实际情况与过程咨询假设最为匹配，顾问就应该始终遵循这些假设，即帮助客户保持积极主动，由客户自己对问题进行诊断和决策，选择干预措施从而最终解决问题。

　　在各项干预措施中，顾问可以从提出探索式、诊断式问题开始，激发和培养客户的诊断能力；也可以提出行动建议式干预措施以便为客户提供选择；而对抗式干预措施则用于检查客户的认识水平、动机和行动意愿。顾问必须结合宏观的战略目标来选择合适的干预措施。

　　如果客户已经解冻且双方建立了足够的信任，顾问可以放心大胆地选择各种类型的干预措施。而如果客户尚未解冻，顾问就必须慎之又慎，切不可轻易冒进。在掌握客户的接受程度和行动意愿之前，顾问最好停留在探寻和诊断阶段。

第十章

干预的分类方式

在前两章中，我们着重讨论了过程咨询中的一些干预策略和战术。这种分类方式的核心宗旨在于强调过程咨询是一种思维方式，是一种提供有效协助的理念。而当管理者与顾问掌握这种理念之后，就可以超越学术分类，基于自身实际情境确定不同的干预方式。

读者可能注意到，在前述案例中，我采用了各种干预措施，包括学术演讲、访谈、咨询和提供建议等，而所有这些措施都是我基于过程咨询视角，明确自身角色并根据实际情况所做出的选择。换句话说，我们对于过程咨询的基本假设越清晰，制定的干预措施也就越具体，越有针对性。

顾问和管理者在日常工作或项目中都会遇到形形色色的状况和错综复杂的关系。他们有时独自思考问题，更多的时候他们会与某人电话沟通，在正式或非正式场合与人面谈，计划和组织团队活动等。

其中，某些人际活动会涉及新环境、新期望，要求更加关注诊断式干预。而对于一些已经长期存续的关系，管理者或顾问对问题已经洞若观火，但真正推进变革时往往还是会遭遇暗潮涌动，面临各种管理挑战和对抗。

很多咨询模型会将这些干预措施按照时间顺序来分类，认为这些干预措施应该和咨询过程的不同阶段对应起来，譬如前期调研、切入、诊断、干预、完成并撤出。还有一些分类方式类似于管理行为的分类，会将干预措施按照个体场景和团队场景进行区分。

实际上，对于过程咨询的一大误解就是将其视为一种技术，仅能在团队建设或会议改善活动等团队场景中发挥作用。正如我希望通过案例所展示的那样，团队场景仅仅是顾问和管理者所应对的各种场景之一。

而过程咨询是将协助过程和协助者角色抽象成概念模型的一种方法，不仅适用于团队场景，对于以下场景也同样适用：

- 与单个客户或下属进行合作的顾问或管理者；

- 与团队进行合作或参与到某次会议中的顾问或管理者；

- 与某个管理者或顾问团队进行合作，如与整个高管团队进行合作的战略咨询小组；

- 服务于某个部门或整个组织，采取组织架构调整、管理调研或其他系统性干预措施。

本章将探讨十种干预措施（见表10-1），这十种干预措施的分类并非基于不同的战略目标、战术目标或使用场景，而是基于干预本身的结构。

表10-1 十种干预措施

1. 饶有兴趣地积极倾听（探索式干预）
2. 复盘历史情形（诊断式干预）
3. 追问细节（诊断式干预）
4. 强调过程（诊断式干预）
5. 诊断问题（诊断式/行动建议式干预）
6. 过程管理和议程设定（对抗式干预）
7. 给予反馈（对抗式干预）
8. 提供建议或意见（对抗式干预）
9. 结构管理（对抗式干预）
10. 知识输入（潜在的对抗式干预）

前五种干预措施主要以客户为中心，第六、第七种干预措施是以客户与协助者之间的互动为中心，最后三种则以协助者为中心。同时，这十种措施从最初的探索式干预，逐步转向诊断式干预，最终形成对抗式干预（见表9-1）。

一对一干预方式

过程咨询理念的核心宗旨就是让客户承担起（并持续承担）自己的问题。顾问和管理者的目标是提供帮助，而绝非越俎代庖，代替客户解决问题。无论客户谈论的内容与顾问过往千百次成功解决问题的经历多么相似，也无论给予客户的建议看起来多么显而易见，顾问必须坚决抵制过早给出建议的诱惑。基于这种限制条件，想要达到前几章所描述的战略目标或战术目标，哪些干预措施才是最有效的？

1. 饶有兴趣地积极倾听

无论是顾问还是管理者，都必须发现客户所谈论内容中的独特之处，建立同理心，从客户的视角了解问题，这不仅是顾问和管理者应该培养的能力，也是其应具备的态度。不论顾问与管理者采用何种干预措施，如果他不能在整个过程中保持兴趣、积极倾听，协助过程将很快结束。

2. 复盘历史情形

客户陈述问题时往往一带而过，而后就默默等待顾问给出建议。顾问如何才能打破僵局以获得更多信息呢？在我看来，最有效的方式就是请客户复盘导致问题发生的各种事件。

这种对过往情况的回顾可能会与客户的工作环境或职业状况有关，也可能会涉及导致问题的事件，还有可能牵扯客户所在的组织或其他事物。总之，复盘的目的就是为客户营造放松的氛围，鼓励他畅所欲言。

3. 追问细节

客户或下属所描述的问题往往非常笼统。约翰找到他的上级，抱怨道："乔总是把工作弄得一团糟，他老是上班迟到，无论我怎么软硬兼施都没法调动他的积极性，我该如何是好？"他的描述听起来很具体，说的是乔的问题，但对于问题的表述极为笼统，对于乔的具体表现也语焉不详。

在这种情形下，我希望获取更多细节以了解情况。因此我会发问："导致你产生这种想法的最后一次事件发生在什么时间？""能告诉我更多细节么？具体发生了什么事情？什么原因导致事件的发生？你又是如何应对的？""你能举出几个乔积极性不高的事例吗？他是如何表现出积极性不高的？"

追问细节是为了收集更多信息，从中发现问题的表现形式、客户看待问题的方式、客户在过程中的角色以及客户对问题的判断等。

4. 强调过程

客户往往着重表述问题的内容，但顾问或管理者必须引导客户从过程的角度来描述问题，由此他们才能发现问题的根源。顺承上文中乔的案例，复盘历史情形和追问细节的关键是客户必须将他和乔之间模糊的问题转述成故事，才能揭示出自己和乔分别做了什么。

如果事情的过程不够清晰，协助者可以通过提出以下问题来进行追问："请具体一步一步说明今天这种情况是如何造成的？究竟发生了什么？你做了什么？乔又是如何回应的？"通过引导客户还原整个过程，顾问不仅了解了具体细节，而且能让客户意识到对过程进行思考和诊断的重要性。

5. 诊断问题

当顾问了解了一定信息之后，就可以用提问的方式来验证自己的理解。"这件事情之所以会发生，可能是因为……""你有想过……的可能性吗？""我不太理解为什么你会对现状有这样的看法。""你还有什么需要补充的吗？""关于这个问题的产生，你怎么看？"

从战术层面看，这些探索和问询属于对抗式干预措施，必须在合适的情况下才能采用。实际上，这些"引导性问题"旨在传递一些想法和内容，激发客户的诊断思维，与此同时校验顾问的一些想法。然而，这些推断性询问不能过于强势，要给客户留有否认的余地，从而能够使顾问进一步获取更多信息，并纠正此前的错误判断。

6. 过程管理和议程设定

当协助关系建立起足够的信任之后，顾问或管理者可以建议、倡导或命令客户制定某些议程。这些干预手段暗含了诊断性假设，无疑会带来对抗。顾问可以通过这些议程获得内容信息或过程信息，如获得以下内容信息："约翰，你能向我介绍下乔的性格吗？"或是顾问提出一个过程建议："约翰，让我们来模拟一下，我扮演你，你来扮演乔。"

顾问也可以邀请乔参加后续的研讨或以其他方式来主导协助关系并找到问题的解决途径。需要注意的是，在此过程中，如果顾问认为时机合适，他可能会非常独断专行地接管协助关系。

7. 给予反馈

一旦顾问或管理者了解了客户的目标之后，就可以针对客户的做法能否实现目标给予一些反馈。但重要的是，这些反馈应该是关于客户的做法能否实现目标，而不是顾问对客户的个人看法。

例如，如果约翰认为在他与乔的关系中他变得越来越自信，能够更好地管控彼此关系，而顾问应该将自己的直接观察结果——确实愈发自信或是与之相反分享给约翰。顾问的反馈意见只有具体、及时并与客户的既定目标相关时才能发挥积极作用。

8. 提供建议或意见

如果顾问自信已经对问题非常了解，并准确地评估了客户接受意见或建议的意愿，那么顾问可以就具体内容提供帮助。他可以告诉约翰："你为什么不每周和乔坐下来聊一聊呢？这样你们就可以制定具体的行动目标并每周跟进检查"，或是"你为什么不和乔谈一谈，告诉他你对他的看法，并请他谈谈自己的看法"，或"你可以暂时不理会乔，继续观察几周"。

从我的经验来看，我只有在与客户协作很长时间之后才会考虑实施这种干预措施。通常来说，在与客户协作的过程中，我会促使客户自己就内容或过程想到解决方案，而无须提出具体的方案或措施。如果顾问希望给予帮助，他可以提示客户诸多方案的可能性，使客户能够从中选择最合适的方案。

9. 结构管理

有时，顾问或管理者会发现最有效的干预措施是改变现状的结构。顾问可以根据自身能力，自行改变结构，或是向客户提出变更结构的意见或建议。

例如，如果管理者认为乔不应该继续在约翰手下工作，而管理者又是约翰的上级，他可以轻而易举地对乔的工作进行调整；而如果是顾问，他可能会提出建议，将乔调整到另一个部门，他也可以邀请约翰和乔一起参加下一次会议，以便双方可以直面并解决彼此的问题。

很显然，此类干预措施意味着顾问已经对问题有了明确定论，并准备以非常有效的方式直接进行干预。正因为如此，我们在现实中很少运用这种干预措施。

10. 知识输入

最后一种干预措施也被称为"教育干预"。顾问或管理者会收集足够的信息，并判断何种知识或理论会与客户所面临的问题相关，进而传授这些知识或理论。通常来说，除非客户要求，否则顾问并不会强求将传授的知识、理论与客户的问题直接关联起来。

上例中，作为约翰上级的管理者可以向约翰推荐一本关于管理的书，上级可能认为该书中的内容与约翰的问题相关；他也可以邀请约翰参加一次相关主题的研讨会；或者他也可以结合自己的经历，向约翰简要介绍处理棘手下属的几种常见方法。

然而，使用这种干预措施的矛盾之处在于，客户可能并不能因此解决问题，所以浪费了时间；另外，如果这些信息过于简单或是客户自己已经知晓，客户难免会因为求助失败而感到沮丧。

小　结

我并没有列出所有的干预方式，在实际操作中，这些干预措施也会交替使用。值得注意的是，所有这些干预措施都旨在让客户承担解决问题的责任，顾问应该尽力协助客户自助。顾问是协助和过程咨询方面的专家，只要正确使用这方面的专业知识即可，顾问无须成为客户实际问题领域的专家，替代客户解决问题。

在接下来的部分中，我将介绍如何将这些干预措施应用于群体或更大的系统中。我们会发现，无论采用何种干预方式，干预的本质意图都是相同的，但具体的干预策略会随着情况的不同而变化。

群体干预方式

以上十种干预方式都能运用于单个群体或群组之间，但一对一干预场景和群组干预场景的最大区别在于人际互动的文化规则。在一对一场景中，如果我试图将问题具体化，就不免与客户产生对抗，客户会因此警觉，并开始为自己辩护。

但在群组干预场景下，我就可以泛泛地指出某个问题而不会关联到特定的人，对自我防卫程度较低的员工就可能尝试实施干预措施。在上述案例中，如果我要求某位特定员工对过程进行回顾，他别无选择只能做出回应。但如果我要求整个组织回顾此前的某个决策过程，则组织中的任何成员都可以接受这个挑战而不用强制某个人。

在实施群体诊断或内容干预措施时，顾问可以使用"某些员工"或"整个团队"进行指代，避免特定人员对号入座。顾问也可以通过询问是否"有人有这种感受"或是否"有人愿意"提供一些团队需要的数据或反馈来进行诊断或实施干预。因此，在群体和群组场景下，每一种干预方式都新增了一个选择，即抽象的就事论事或具象的细化到人。

1. 饶有兴趣地积极倾听

顾问和管理者的大部分时间都花费在团队会议、谈判以及就各种问题的跨部门探讨中。如果希望能有所帮助，顾问和管理者就必须积极倾听，与此同时还需要密切注意过程中所观察到的各种动因。

关键是学会倾听过程。在日常工作或会议中，顾问需要观察到谁在发言、谁在与谁沟通、采用何种沟通方式、谁打断了谁、被打断者的反应、团队解决问题的过程以及决策方式等。

可以借助倾听来实现的强有力的干预措施是澄清、总结和共识确认。顾问如果认为没有相互了解彼此的意图，则可以通过询问、确认是否理解以及要求重述的方式进行澄清。顾问如果认为团队对目标和方向有分歧，则可以采用阶段小结的方式提炼内容，并检查团队是否就此达成共识。显而易见，每一种干预手段都有利于任务过程的实施，而这正是组织关注的重点。

在跨群组场景中，倾听冲突双方的意见尤为重要，顾问需要在恰当的时间进行议程管理干预，从而能够融合不同的观点。过程咨询顾问必须格外谨慎，必须尽一切可能保持中立，以免受到自身偏见的影响。

2. 复盘历史情形

当团队或组织遭遇出乎意料或不理想的结果而感到困惑时，这种干预措施最有效。譬如会议进行了几个小时却毫无进展，组织成员对既定决策表示不满，团队成员之间产生莫名其妙的冲突，某些成员参与度锐减却不知是否因为其他成员过于强势等。

当遇到这种情境时，（如果时间允许的话）最有效的初步干预措施就是复盘过程："好吧，让我们简单回顾一下这次会议，看看能不能理出头绪。我们是如何制定目标的？我们如何决策？我们在会议开始时做了什么？"重点是通过回顾历史、强调过程、聚焦细节，从而让组织能够自己发现是哪个节点的事件导致了最终的结果。

3. 追问细节

从复盘历史情形开始，团队就会自然而然地将事件逐步具体化，顾问和管理者应该警惕，不要泛泛而谈。有人会说"召开会议的方式就十分专制"，或者"会议一开始大家就各抒己见了"。在这种情况下，顾问需要打断并提问："你所说的'专制'是什么意思？你为什么会使用这个词，是谁做了什么导致你如此说？"在第二种情况下，顾问可以说："是每个人吗？能详细说说具体是谁发言了吗？"

这种措施也同样适用于群组或组织环境中。如果客户系统中的成员希望找到解决问题的方法，顾问或管理者就可以推动对历史情形进行复盘，并强调过程中具体细节的重要性。

4. 强调过程

随着回顾的推进，如果顾问和管理者发现团队过于专注内容，就可以通过提出过程问题进行调整。当有人提出："我们做出的第一个决定就是发起新的市场活动，然后我们开始讨论应该向销售部门提出的要求。"这时顾问可以提出："我们是如何做出这个决定的？大家对决策过程有何看法？"

5. 诊断问题

与一对一干预一样，这些干预也很容易引起对抗。但在群体或群组间环境中，顾问可以将诊断信息嵌入通用评论中，并作为反馈或知识输入的一部分给出，从而降低对抗性。

例如，我正为一家公司提供咨询服务，他们邀请我就组织文化为高层管理团队做一次讲座。虽然我已经发现这个组织的问题与制定决策的文化假设有关，但如果我贸然指出这一点，引发对抗的风险就会很大。因此，我可能会在我的讲座中加入一些制定决策的事例，暗含我所观察到的决策过程问题。随后，我会提出问题——我们所在的组织是否可以应用其中一些决策过程？

6. 过程管理和议程设定

这个部分是最难描述和分析的复杂领域，过去三十年中贝克哈德（Beckhard）、哈里斯（Harris）、伯克（Burke）、弗伦齐（French）和贝尔（Bell）等学者在组织发展领域所开发的各种技术被广泛地应用于此类干预情形，包括对抗会议、组间训练、减少冲突练习、社区角色扮演、基于访谈和问卷的调查反馈、致力于提升团队凝聚力的教育干预、责任矩阵会议、开放系统规划和其他各种变革过程的管理工具。所有这些技术的共同点是顾问会与主要客户团队的关键成员共同完成过程设计,并能够根据需要对推进过程进行监控和管理。

为了遵循过程咨询的理念,这些方案设计必须强调顾问仅负责管理过程而不提供解决方案,客户在顾问的帮助下解决原本无法解决的问题。下面的典型案例很好地说明了这一点。

案例:威尔逊食品公司——采用德尔菲过程法制定战略决策

威尔逊食品公司(Wilson Foods)是一家大型跨国公司,近年来,公司面临增长放缓、利润下降的窘境。总裁与其他四位成员组成了执行委员会,他们准备通过审视战略决策、明确战略方向,全力以赴地推动战略实现,重新振兴公司。

有四种可供选择的战略方向:(1)加强研发和新产品开发;(2)加速占据国内市场,提升市场占有率;(3)扩张海外业务;(4)通过优化营销体系、削减生产成本和其他成本来大幅提升生产率。每个战略方向安排了一位执行委员会成员负责。不出所料,几个月之后,执行委员会依旧没能做出决策。

于是,总裁邀请了一位过程导向的战略顾问协助他解决这个问题。顾问访谈了执行委员会所有成员后，得出的结论是每个成员都对自己所负责的战略决策了如指掌，但对他人所负责的战略一无所知，因此他们无法做出明智的选择。而解决这个问题的方法是设计一个过程来促使所有成员全面了解这四个战略决策，以便执行委员会成员可以共同审视每个方案的优缺点。

我受邀参与到了这位战略顾问的团队中。他建议采用德尔菲法组织此次调研。针对每项战略决策，他编制了一套问卷，并请执行委员会成员对该决策的执行结果进行预测，随后他针对这些预测进行了反馈。此时各位成员对他人的方案已经有所了解，于是他推动了第二轮预测。在基于第二轮预测给出的反馈之后，他总结了所有预测结果。其他三项战略决策也同样执行了这个过程。

这个过程由顾问和威尔逊食品公司规划部门的核心成员共同设计。因为有专业顾问的参与，所以设计问卷相当简单。又由于客户公司规划部门有成员加入，所以方案也很容易获得执行委员会成员的认同。困扰他们的唯一问题是他们对于战略执行的潜在后果的相关数据知之甚少，因此收集数据花了较长的时间。但这项工作涉及该公司的主要战略方向，因此花费时间和精力投入也是值得的。

在经历了两个月的调研和准备后，执行委员会举行了为期两天的专题会议来确认是否能够达成共识。战略顾问和我都参与了此次会议，协助他们解决可能遇到的过程问题。会议气氛与此前截然不同，执行委员会成员坦陈此前几乎不了解其他战略决策，现在充分了解之后可以相互讨论。德尔菲法使他们在会议中能够相互分享和吸收彼此的信息，这是以前的会议无法做到的。他们也为之吸引，相互倾听。一旦到了这一阶段，他们很容易就选择何种战略达成一致，形成共识。

案例：奇尔顿高科技公司——化解销售与生产部门的矛盾

过程咨询顾问可以通过设计组织流程和组间流程，协助组织成员制定解决方案而无须直接参与到方案中。以奇尔顿高科技公司为例，生产部门经理基于特定产品的销量计算业绩，而区域销售经理则根据产品总销量来计算业绩。因此区域销售经理往往会主推畅销产品而忽略生产部门经理所期望的特定产品，尽管生产部门经理已经为此支付了市场推广和销售费用。

公司不愿意对组织架构和业务流程进行重组，而希望两个部门能够协商解决这个问题。人力资源部门经理有极强的过程咨询意识，他决定组织五位生产部门经理和六位区域销售经理召开为期两天的会议。在会议中，他设计了两个部门之间的很多互动：销售和生产部门都需要认真审视自己和对方部门的形象，并与对方分享。对于对方给出的评价，每个部门都进行审视并提出潜在假设以解释原因。通过这种方式，两个部门分享了对彼此的看法，也验证了自身工作中的假设（是否恰当）。

这个过程"清除了系统中的垃圾"，抛弃或纠正了对"宿敌"的刻板印象，重新建立起了协同工作系统。一旦完成了这一历史性的重构，他们就可以在第二天的会议中设计一系列过程来管理好销售工作，确保任何生产部门都不会被忽视。他们还特别组建了团队，每个季度对销售情况进行总结。两个部门最终化敌为友，形成了一个整体。

人力资源部门经理并没有改变原有的组织架构，而是通过创建一个过程让双方通过协商自我解决了这个问题。

7. 给予反馈

反馈是指提供与客户所设定目标有关的信息。然而，随着组织发展中频繁使用"调查反馈法"，反馈的含义也变得更加宽泛。纳德勒（Nadler）认为，顾问决定与主要客户一起通过调研从组织的其他部门收集信息，并将信息"反馈"给各个部门，要求各部门参与到诊断过程中，这种联合调研的方式被称为"行动研究"。

在我看来，最初的问题应该是明确如何确定参与调研的成员，以及谁是调研信息的反馈接受者。很多调研反馈模型会对各个层级的员工进行访谈或发放调研问卷,从而了解员工敬业度、组织中存在的问题以及他们对组织中运作的某些项目的反馈。而调研统计获得的数据首先会呈交给高层管理者,然后逐级下发,高层管理者会要求各层级各部门管理者对员工提出的问题进行讨论并制定解决方案。这种模型的核心理念就是由员工将问题反馈给管理层,再由管理层负责解决问题。

这种自上而下、逐级传递信息的方式显然不符合过程咨询的基本原则——只有提出问题的人负责解决问题,问题才能够得到更好的解决。这种方式的错误之处在于我们在鼓励员工"告诉"管理层问题所在的同时,却鼓励员工放弃应有的责任。于是,管理层就必须"解决"员工深恶痛绝的问题。

而如果我们将员工视为主要客户(毕竟我们鼓励他们公开指出问题),反馈过程就应该鼓励他们自己面对并解决问题。因此,过程咨询模型主张只收集与员工切身利益相关的问题信息(否则反馈信息将毫无价值),而且员工应该第一时间收到关于信息的反馈。这些信息也不必首先知会高层管理者,因为其中的问题与他们并不相关。

首先将这些信息反馈给员工有很多好处:

(1)校验数据的准确性。"你在调研中陈述了这些内容,我的理解是否正确?还有什么需要调整或补充的吗?你可以用具体的例子来解释说明一下吗？其中哪些是你想重点强调的？"

（2）可以要求团队对问题进行分类。其中一部分可以自行解决，另一部分需要向管理层反馈。将问题定位在最恰当的层级可以使问题得到更好的解决。

（3）收集信息并对其分类的过程促使员工集体面对问题，在解决问题的同时进行团队建设。通过这样的过程，员工会认为他们真正地参与到了改进组织的活动中。相比而言，自上而下的模式使主动权把控在高层管理者手中，员工将对高层管理者更加依赖，但参与度势必有所降低。

按照这样的方式，每一层级的管理者都会查看自身的反馈信息和从基层传递来的问题。同样，他们会解决掉本层级所能解决的问题，而将需要协助的部分进一步提交上级，直至最高层管理者，最高层管理者收到的是只有他们才能解决的问题。与此同时，各层级管理者和基层员工都被激励着去解决他们力所能及的问题，而不再守株待兔，坐等高层管理者对他们的"牢骚"和"建议"做出回应。

而这个过程要求高层管理者具备更多的耐心，克制住好奇心。因为高层管理者参与越多，就越容易被诱导扮演专家或医生的角色，鼓励员工参与组织发展项目这一目标的实现也会大打折扣。

8. 结构管理

过程咨询顾问很少实施此类干预措施，只有结构性问题直接影响了组织绩效，而顾问又是这方面的权威，顾问才会实施这种干预措施。他会参与到会议策划中、设计调查反馈流程、实施教育干预和培训等一系列重要过程活动（详见前文所述国际石油公司案例）。

过程咨询顾问也很少参与到组织架构和汇报线的设计中，但他可以通过提出问题，让不同结构之间的区分更加明晰，迫使人们思考采用不同结构的后果，并对结构性决策的重要性做出提醒。

9. 提供建议或意见

与结构管理一样，过程咨询顾问也只会提供多种选择，协助客户考虑清楚不同选择的结果。

10. 知识输入

实施各种教育干预是过程咨询顾问强有力的干预措施之一，尤其是它在群体互动场景中可以最大限度地降低对个人自尊的威胁。因此，顾问可以通过组织公司研讨会、高管发展项目或特定主题的专业培训（如绩效评估）等方式完成干预，这不仅能够保证最佳的学习效果，也利于解决组织的核心问题。

例如，我曾经使用教育干预化解了两个部门之间的冲突。我将两个部门组织到一起参加了一个研讨会，并将他们分成两个小组，每个小组中两个部门的成员各占一半。这个研讨会的目的是通过提供一个双方加深彼此了解的非正式场合，为正式解决问题建立信任基础。

人际互动中的"面子"原本很难让人公开承认问题并直面冲突，但在研讨会这种非正式的中立场合，人们愿意参与其中，因为彼此可以着手开始解决问题，而无须公开承认问题的存在。这也是这种干预措施能够奏效的原因。

另一个案例是此前介绍的在达美航空航天公司举办的企业文化讲座，我的目的是请公司的高级经理分析他们的企业文化与公司战略之间的内在联系。在这种情况下，顾问需要做的不仅仅是传授知识，还需要协助团队解决实际问题。

最后，教育干预可以通过营造平和（非对抗性）、安全的学习氛围帮助客户发现问题，从而能够极大地促进解冻，改善效果。顾问可以给出各种参照案例，以让客户找到匹配自身问题的选择，而无须让任何人感到威胁。

小　结

我试图说明每种类型的干预措施在群体和组织环境中的应用，

但本书穷尽笔墨也无法将所有应用场景完全列出。因此对于读者而言，重要的是了解过程咨询的理念可以应用于所有类型的干预环境。使用过程咨询模型的决定性因素并不是某种干预类型或特定场景，而是使用干预措施的时机以及干预措施自身的结构和潜在假设。

结语：引导式干预理念

如何衡量给定干预措施的有效性，这主要取决于干预措施对客户或客户系统的有效推动程度，当然这要由客户来判定。因此，为了提供有效的帮助，顾问和管理者必须首先确定客户的目标，并确定最有利于推动目标实现的干预策略。

对于顾问来说，最糟糕的莫过于阻挠、拖延和妨碍客户实现目标——除非是顾问有意为之，但这种情况在过程咨询模型中极为罕见。

对于顾问来说，如何把握恰当的干预程度极为困难。顾问总是被表现欲（如渊博的知识、娴熟的技巧和敏锐的洞察力等）驱使，而将对当下的正确判断抛诸脑后。顾问常犯的错误是，往往在对团队实施观察后，在某些团队既没有时间也没有精力顾及的问题上给予反馈。我自己也屡屡重蹈覆辙。

譬如，(会议时间仅剩 10 分钟) 我发现组织仍纠结于三种不同的决策方案，每个方案都由一位极其强势的团队成员所倡导。就此，我做出了诊断性反馈："我们之所以决策如此困难，或许是因为倡导方案的甲、乙、丙三位成员存在权力斗争。"这个判断或许是正确的，也许值得尝试验证，但在此时提出却破坏了团队的决策进程。

如果团队确实希望在接下来的 10 分钟内做出决定，而我想提供帮助，我可以给出一个建议而不是进行诊断式干预："为什么我们不进行投票呢？这样我们就能知道哪种方案的支持率最高。"如果大家就某个选择达成共识，我还可以针对内容进行干预："似乎我们都倾向于方案一，是这样吗？"

顾问大多久经诊断性观察的训练，但如果反馈观察结果可能对团队目标造成干扰或延迟，顾问最好以行动为导向，帮助团队继续前进。当然，观察结果对于顾问依然是有意义的，顾问可以知晓他下一步应该采取的行动，但在此时，他没有必要将观察结果反馈给客户。

对顾问和管理者而言，选择干预措施的核心"底线"是真正协助组织实现目标，而不是验证某种理论的正确性。干预技巧应该随着现实情况的发展而随机应变，基于客观事件来选择干预策略和干预时机，而不是基于主观假设或理论。

第十一章

过程咨询面临的新课题

本书的重点是介绍如何开始实施过程咨询。尽管在前几章的案例中,读者会发现当顾问与客户组织合作一段时间之后,出现的问题会更加棘手,也更加有趣,但我始终专注于开端的原因,我多次发现正是因为我在最初释放了不正确的信号,才导致后期遇到了各种问题。

在本章中,我想探讨关于"未来"的问题,以及如何对其进行管理。我还想谈谈关于咨询费用、咨询协议和咨询道德等一系列可能在咨询过程中出现的问题。本章中的大部分内容将以案例形式展示,且主要基于前文所谈及的公司和案例。

我们在第六章曾经谈到,变革过程可以被视为一系列阶段,但同样的划分阶段方式不适用于咨询，因为顾问和管理者容易因此产生误解，如认为在诊断期间客户系统内不会发生重大变化。过程咨询这一理念/模型的核心观点是诊断即是一种干预，干预方式不仅决定了过程咨询顾问将获取哪些诊断信息，还将决定其与客户的协作关系。

咨询协议与咨询费用

通常来说，与联系客户的首次会议中都会涉及这样的问题——我将如何收取咨询费用，无论是由我自己或是由联系客户提出。我一般会按天计费，如果花费时间很短，我可以将其细化为按小时计费。我的目的是让客户能够更加自如地进行选择。我会将准备工作和实际参与现场的时间都进行计费，除非需要长途旅行，否则我不会将差旅时间计入费用。相较于参加会议，我会对进行全天式的讲座、培训收取更高的费用，因为这要求我投入更多的精力和准备。对探索性会议是否收费取决于具体情况，我倾向于通过电话或短暂会面沟通问题，并不会收取费用。如果客户希望花费一两个小时来"探讨"问题，我也能够接受。

我竭力避免采用"咨询协议"的方式，包括定义明确的项目目标、项目费用、咨询总体时间、维护支持费用等，这种方式会将我和客户捆绑到一起，明知徒劳无益却还需要履行合同。我希望创建一种协助关系，如果协助关系不再被需要，任何一方都可以随时终止合作。

然而，这种开放式的约定也会有其自身的问题，很多情形下我对联系客户和中间客户都有着非常清晰的初步了解，然而在后期却发现我的假设和主要客户的需求之间存在巨大偏差。下面这个案例会清晰地展示这种偏差对双方造成的压力，最终导致不欢而散。

案例：梅森公司的误会

梅森公司（Mason Company）是一家大型美资企业的子公司，主要从事国防相关的高科技项目。公司的主要职能方向设有两个部门，一个以研究为导向，另一个以产品开发为导向。公司层面设有一个组织发展和培训部门，而每个部门同样也配备有组织发展和培训人员。

我接到了公司组织发展和培训部门经理比尔·梅西（Bill Macy）的电话，他询问我是否愿意协助他完成以下工作：

（1）为开发部门的技术人员和管理者提供关于组织社会化与

职业发展的大型主题演讲。随后与部门工作组共进午餐，向他们说明演讲内容对开发部门的影响。

（2）下午与研发部门的管理小组举行工作会议，主题是如何更好地激发研发人员。

这样的议程安排将花费一整天的时间，但依然是可行的，下午的团队自我驱动意识极强，我只需要在会议中担任过程咨询顾问即可。换句话说，我并不用在一天内进行两场主题演讲，我们彼此都认为一天内举行两次讲座意义并不大。与此同时，很明显的是预算也很紧张，因为预算的原因，他们希望将整个项目压缩在一天之内。

梅西在电话中进一步向我解释，此前该公司推行了一个正式的指导项目，目前已经宣告失败并放弃，他也希望我就该项目为什么会失败提供一些意见。关于这部分内容我将在午饭时与公司高层管理者一同探讨。而下午参加"如何在研发组织中更好地利用技术资源"主题研讨会的将会是一个精干且高度互动的团队。

正如最初描述的那样，这一切听起来像是将教育干预和现场问题解决相结合的事情，既可行又有趣。更好的是，我和妻子可以利用这次在远郊开会的机会进行一次旅行，我们可以在会议结束后的第二天去领略一下乡村美景。因此我接受了他的邀请。从我所接收到的信息来看，我只需要准备关于组织社会化的主题讲座，其余的工作是现场的过程咨询，无须额外准备，因此计费时我也只计算了一天的咨询费用外加几个小时的准备时间费用。

接踵而来的麻烦。在研讨会开始前的一个月，我收到了培训部门主管露西·布朗（Lucy Brown）的信件（此前我从未与她交谈过）。她确认了我上午讲座和午餐会的行程，但关于讲座的内容，她的表述和梅西所说的大相径庭。她希望我对他们前期的指导计划进行具体分析，对指导过程进行回顾，并提供其他有关职业发展的研究成果。同时她还指出，如果我不能辅以大量实例进行演讲的话，将无法达到听众们的要求。这立刻使我陷入困境，我并没有规划额外的时间来进行如此有针对性的演讲准备，如果梅西当时提出这样的需求，我根本也不会同意受邀参加。

我致电梅西对此进行询问，他向我保证不用担心这个问题。他曾经听过我关于组织社会化的讲座，这些理论知识对听众来说非常有用。我只需要提前阅读他们先前发送给我的资料，在此基础上给予一定指导即可。我们再次确认了行程安排，并约定在会议开始前的周日晚上碰面。我们还讨论了后续几天我的旅游安排，他给了我一些建议。

新的行程安排。在与梅西确认行程的一周后，他再次致电我，告知我原本安排在当天下午的第二场部门会议无法如期举行。但因为我会在那里逗留几天，或许可以将会议协调安排到其中的某一天上午。由于路程很远，需要驾车行驶200英里，我不得不慎重考虑。最终我们决定，在第一场研讨会结束之后，我将驱车前往乡村，第三天早晨我从乡村返回公司，参与第二场研讨会，结束之后我将驱车200英里返城。虽然这并不理想，但勉强可以接受。

然而，我很担心身体的疲劳程度。在原本的计划中，一天的研讨会之后我可以安排两天的游览时间，而按照目前的安排，两个半天的工作要比原本的安排辛苦和复杂得多。些许不被重视的感觉让我不太高兴，但我并未过于在意。我只是按照计划研究了对方发送的资料，也没有额外花费过多时间。但我希望能够有所帮助，而且很明显联系客户有着清晰的有待解决的问题列表。

周日晚上的"惊喜"。在研讨会前一天的周日我抵达酒店之后，我致电梅西，约他晚饭后19点30分见面并进行最后确认。他同意了碰头的时间安排。

当梅西到来时，"屋顶坍塌了"，和他一起来的还包括部门的两位培训主管露西·布朗和琳达·皮尔斯（Linda Pierce）。她们每个人都向我讲述了关于部门的更多信息，并对研讨会涉及的内容提出了新的期望，而露西所提出的期望和此前我所认知的完全不同。

她告诉我，周一上午的研讨分为三个阶段。第一阶段是关于组织社会化的讲座，听众超过 100 人；第二阶段的后续讲座将探讨关键管理者的指导和发展问题，听众有 50～60 人；第三阶段是与 25 位高级管理者的工作午餐，期间我要给出我的结论和建议。

我感到慌乱和愤怒！我完全无法应对这种连续讲座，而且这种设计也毫无意义。对他们此前的项目进行点评，这完全将我置于专家的角色。布朗表示她的顶头上司希望用这种设计，从而能够使我最大限度地了解他的员工，但她完全没有提前知会我这些信息。

事到临头，我已经无法拒绝和退缩，我无法坚持原本的协议。于是在仅剩的 11 个小时中，我唯一的选择只有基于对方的目标设计一些有效的问题。因为参与和互动交流的时间不足，所以也无法真正启动一个客户声称想要的那种问题解决模式。我们花了大约两小时讨论各种可能性，最终我们达成了一个三阶段方案，后两个阶段采用小组研讨的方式。这样小组可以自行对内部项目进行分析，而不是由我全程讲课。

这也意味着布朗需要和她的顶头上司重新协商，但她认为当天晚些时候或次日早晨她能够说服她的上司，因此我们将议程确定了下来。她也认可部门经理原本想要的形式无法发挥有效作用，认为新的设计能够更好地匹配他们的需求。实际上，我们在研讨会前的一个晚上花费两个小时对会议进行了重新设计，以确保该活动能够产生最大的帮助。

而晚上9点45分，当我开始与另一个部门的培训主管琳达·皮尔斯开始沟通时，她拿出了该部门的大量资料，表示部门成员对我演讲的内容都非常感兴趣，因此会有更多人参加。她全然没有意识到此前协议中我是参加该部门的工作会议，而非再举行一次讲座。她试图让我相信，我想要了解的部门问题会在研讨中自然出现，而无须提前花一小时向我进行简要介绍。于是，在周日晚上，我不得不在阅读一大堆资料之后为另一次讲座进行准备。我感到沮丧和愤怒，但此时除了继续完成工作，我也别无选择。

我工作至凌晨才上床入睡。我对发生的一切感到懊恼，但无论是即将到来的讲座还是随后的长距离驾车都比与客户"讨价还价"要来得更累。更困扰我的是，我清楚地知道，当我处于疲惫状态，我无法在与人互动时达到最佳状态。此外，周日晚上的高强度工作，以及我在第二次部门会议之前不得不进行的额外准备，相当于准备阶段一整天的工作量，然而此前这笔费用无论是我还是客户都没有规划到预算中。我决定，由于这些额外的时间确实能够用于改善客户的问题，因此我应该向他们收取费用。

周一上午 9 点，在去往第一场讲座的途中，我向梅西提及了此事。他似乎十分震惊，随即表示会调查一下。

事件后续。讲座很受好评，后续的两个研讨会也确实实现了客户希望达到的问题解决效果，为此我们所有人为实现目标而雀跃不已。我们也都认为周日晚上对于研讨会的设计至关重要。

而我在随后的观光过程中，也花时间对第二次的部门会议进行了重新设计。这次研讨会也进行得十分顺利。虽然人数众多带来了一定困扰，但我们想方设法解决了这一难题，客户系统内的一些真正的问题得到了有效处理和解决。各部门经理和培训主管都表示非常满意。

然而，一周之后，梅西发送了一份简短信件给我，告知我他会按照原定合同支付一天的费用，但没有提供任何解释。这种处理方式令我十分生气，如果他能给我一些解释，如预算非常紧张，或是他"夹在中间"很难办，我都能理解，更何况我还因为他的问题而调整了我的行程。于是我回复了很长一封邮件，说明了我整个周日晚上所做的工作，并根据他们的要求额外花费了好几个小时准备第二次部门会议，而他也认可这些准备工作对成功实现目标至关重要。他对此的回复是他了解了我的观点，但他已经完全遵照此前的约定履行了合同。我再次回复，说明并不是费用的问题，我只是希望了解现实情况，以便能够从中学习。

最终，他给我打来电话进行询问，我也借此要求他澄清到底发生了什么情况。然后他告诉我，在他的认知中，任何"专业"顾问都会像周日晚上那样，对方案进行"微调"。这并不是额外的工作，而只是他期望之中的"正常过程"，我或者其他顾问理所应当需要完成。他再次重申，整个工作非常有帮助，部门经理都很喜欢我们的互动设计，部门在解决各自问题方面也取得了长足进展。但我要求额外收取费用是不合理和不专业的。

经验教训。这件事情到此为止了，但回想起来，我才意识到在我的前期沟通过程中，我与联系客户的认知从未达成一致。我认为联系客户能够掌控局面，结果显然他不能完全控制（他被"夹在了中间"，主要客户的需求发生了变化，但他却无法向部门要求更多费用）。而且直到周日晚上之前，我并未获得任何真正可能对客户有帮助的信息。此外，培训经理对讲座和小组互动活动之间的概念混淆也带给了我一定困扰。这迫使我不得不在周日晚上切换成专家模型，重新设计第二天早晨的日程安排以满足客户提出的要求。

我还得出结论：如果顾问无法确切地了解未来情况的变化，预先签订"封闭式"的合同可能不太妥当。正如我应邀承接一天的研讨会，我需要找到方法为准备研讨会的时间进行计费，然而这很难测算。在另一个案例中，我记得我同意为一家公司举行半天的讲座，然而签订协议后，对方要求我花费整整两天时间访谈公司以增进对公司的了解。

梅森公司的案例还使我意识到，由于时间是我最稀缺的资源，必须进行细致的管理，因此我有必要对教育干预可能涉及的准备时间进行特别的梳理和盘点。我目前的原则是对准备时间另行收费，这样我可以和客户共同来决定做好会议准备所需要的时间。如果需要准备更长时间，客户也能提前做好计费的心理准备。

关于咨询协议的小结。许多咨询模型甚至强调，在咨询开始时就应该从法律上和心理上制定明确的协议。这样的过程听起来很理想，似乎可以避免类似像梅森公司案例中的那种困境。但根据我的经验来看，这是完全不现实的，无论我们谁都无法预料问题将在何处出现。

依我之见，更好的方式应该是将精力聚焦于整个项目以及项目中所涉及的每一个客户，管理好共享的相互期望，从而让"达成协议"成为持续动态发展的过程。时间和费用预算确实可以事先评估，但在顾问对可能发生的事情足够了解之前，对时间和费用做出固定的预先承诺是错误的。

顾问：组织的"催化剂"

随着咨询项目在组织内的实施，我时常发现自己会扮演"催化剂"的角色——很多主要客户往往借助我撬动某些原本不可能发生的事情。譬如，某公司曾经聘请我为解聘的两位高层管理者提供职业发展咨询服务，然而直到我和他们分别会面时，才发现他们还没有收到这个消息。我的咨询成了这家公司传递信息的工具，目的是告知这两位高管他们并不胜任目前的工作，希望他们主动辞职。

我会尽力避免参与到此类权力游戏中。但如果我能帮助两位高管回顾他们在公司中的过往经历，他们也许能意识到自己并不适合这份工作，而离开公司也更符合他们的利益。通过我传递信息，促使他们自己辞职，相比直接解雇他们更能够保全他们的尊严，而我的咨询也给他们提供了宣泄对公司不满的机会。

出于某些原因，组织部门之间的交流会存在障碍，而顾问作为"催化剂"，提供了一个组织各部门之间相互沟通的信息渠道。从过程咨询的角度来看，设置催化剂角色的目的是在组织需要时，协助组织完善沟通和反馈机制，以备未来之需。

案例：比林斯制造公司——开辟沟通新渠道

在此前的案例中，我介绍了我和比林斯公司总裁斯通的合作，我协助他和执行委员会选拔了一位人力资源副总裁，并帮助执行委员会提高效率。在参加了几次执行委员会会议之后，斯通和我决定对执行委员会成员进行单独访谈，主要聚焦于两个问题：（1）如何提高执行委员会的效率；（2）斯通既是总裁也是他们的上级，他们应该给予他什么反馈意见以便让他的工作更有成效。

斯通认为他目前和每个下属都有着良好的开放沟通渠道，但他迫切希望验证这种想法并提高自己的管理效率。他询问我是否可以建立一个机制能让他获得团队的反馈并提升团队的效率。我作为医生和专家建议他收集每一位成员对这两个问题的看法，如果两位或更多成员提到同一个问题，我就会将该问题反馈给执行委员会成员，如果其他成员也认同的话，我就会将这些问题和建议反馈给斯通。随后，斯通和执行委员会将会就这些建议共同讨论。而作为催化剂，我将负责维护参与人员的脸面，引导斯通和执行委员会意识到此前存在的沟通问题。斯通同意了我的建议，并成了我的第一位访谈对象。

在接下来的几个月中，我访谈了执行委员会的每一位成员。我在访谈一开始就会介绍收集信息和反馈的过程。我保证对他们的评价保密，但按照上述机制，如果两位或更多成员提到同一个问题，我就会将其反馈给所有人，以待大家确认。之后我会将信息反馈给斯通，供他和执行委员会集体讨论。大家都认为这是一个好方法，而且都很愿意分享。

在两个月的时间内，我完成了访谈。大多数执行委员会成员都非常乐于表达对团队和斯通的看法，其中大部分是积极向上的，但斯通的风格确实有些地方让他们感到不满。因此，当斯通能够开始反思自己的风格时，大家都很高兴。

由于协调不出时间召集执行委员会全体人员进行汇报和验证，我撰写了书面报告，呈交给斯通和执行委员会成员，并请每位成员进行修正和补充。两位成员回应表示认同，其余的成员事后也都告诉我他们默认了这份报告。

接下来，是我和斯通的私人会议，我们一起审视了我提交的团队报告。此外，我还撰写了一份个人报告，该报告汇总了关于斯通风格的评论和建议（至少有两人提及），甚至是批评。但是，这些建议对斯通改进行为帮助巨大。我们仔细研究了这些评论，并决定在执行委员会会议中进行公开讨论。

斯通建议将呈交给他的个人风格报告也放入会议中进行讨论，这一建议大大促进了这个过程。除了我的书面访谈报告之外，我给每位成员也发送了呈交给斯通的风格报告，在会议中，我引导大家对两份报告进行讨论，鼓励他们结合评论和建议进行详细说明。斯通也积极配合，此次会议极其成功，大大提升了执行委员会的沟通效率和斯通的领导能力。

在斯通和执行委员会相互反馈这个敏感领域，顾问通过访谈和反馈过程确保了双方的脸面不会受损。而所有人也都清楚这个问题非常关键和棘手，为了日后能够顺利地延续类似的会议，每个人在过程中也都非常慎重。最终，会议形成了很好的交流互动，斯通在接受建议的同时，也表达了对执行委员会成员的一些反馈，将积压心头的意见一吐为快。

些许收获。这个过程让我清晰地认识到，当组织试图将社交风格从警觉隔阂、相敬如宾转向更加直面冲突的互动风格时，顾问可以很好地起到维护组织秩序和个人脸面的关键作用。组织中的每个人都想实现这个结果，但他们并没有把握能够自行推动变革。而顾问成了这个过程的导演，在顺利完成风格转换之后，组织又可以恢复正常的运作。

顾问的道德困境

在同一家公司与多个主要客户合作时，如何平衡各个主要客户的优先次序（尤其是两个主要客户的安排发生冲突时），是顾问在咨询过程中最难以解决的问题之一。在比林斯制造公司，虽然管理者和团队成员的总体目标一致，但我在访谈过程中发现了一些信息，要么会对管理者产生伤害，要么会伤害到提供信息的访谈者，这就会考验顾问如何应用这些信息。在这种情况下，顾问需要做出道德选择，尽量降低信息的危害性。

譬如，一种常见的情况是主要客户希望进行团队建设，于是要求顾问访谈所有员工。但在访谈中，顾问发现一位或多位员工自信地表示他们准备辞职创业，与现在的东家竞争。顾问有义务帮助被访谈者保密信息，但同样有义务维护主要客户的利益。从过程咨询的角度来看，唯一恰当的干预措施就是敦促员工主动向上级说明情况，以免对他人造成伤害。

但如果他们不愿意透露计划，则顾问必须保持沉默。因为顾问角色的价值正取决于他人对其的信任。他如果出于某种原因辜负了他人的信任，就永久损害了他作为过程咨询顾问的信誉，其他人也不会再提供有效信息。

随着项目的不断深入，艾伦金融服务公司出现了各种各样的客户问题,所以我将转向分析和说明这种问题的复杂性。

案例:与艾伦金融服务公司合作关系的进一步发展

在前文关于这个案例的论述中,事业部总经理罗尔斯顿邀请我协助他梳理和改善该事业部的重点项目完成情况。他发起了很多项目,虽然每个项目都很有价值,但林林总总的项目累积到一起,让各部门经理苦不堪言。罗尔斯顿却认为他们只是懒散拖沓或故意抱怨,而罗尔斯顿也无法很好地获悉每个项目的推进情况。我和他商议后决定由我先对各部门经理进行访谈,以了解我是否可以提供帮助。而如果我和各部门经理展开合作,他们就会成为我的客户,我必须维护他们的权益而不能仅仅为了推进罗尔斯顿的项目。我事先向罗尔斯顿说明了这一点,也得到了他的赞同。罗尔斯顿也意识到如果没有部门经理的支持,他也无法实现自己的目标,因此我将他和部门经理们都视为客户是双赢之举。

以岗位再设计和组织重构为核心的调研。我们一致认为,我与各部门经理接触的最佳事由是让我参与到项目中——对工作岗位进行再设计以及对组织架构进行调整。一家咨询公司已经对这个项目进行了基本调研,调研结果显示:很多客服人员希望扩大他们的职责范围;同时,对岗位重新设计,从而有机会裁掉整个监管层，使整个事业部具备极大的成本优势；此外，客服人员能够更加以市场为导向，并能够接受培训从而开发出更多的业务。综上所述，这个项目实施的优先级最高。

鉴于这些原因，当务之急是研究调研结果，并要求各部门快速启动岗位重新设计和组织架构调整项目。加速这个过程的一种方法是邀请这家咨询公司给予反馈，但这家公司的标准模式是"自上而下"——从高层管理者到基层员工进行反馈。考虑到罗尔斯顿的目标是激发各层级员工更多地参与，因此我强烈反对这种方案。因此，除了与各部门经理沟通之外，我还要说服咨询公司的高级顾问改用自下而上的反馈方式，在每个团队将反馈信息提交给上一级管理者之前，团队应该先对其进行详细分析。依此类推，在管理者将信息提交给更高层之前，该层级所有管理者也应该对信息先行讨论分析。

项目组及其负责人。咨询公司的高级顾问同意采用这个方案，并将其推荐给了这个项目的负责人。项目负责人保罗·米勒（Paul Miller）是该事业部一个核心部门的经理，因此他其实也是我的第一位访谈对象。我请罗尔斯顿和他的助理瑞安向米勒介绍了我的职责，避免产生误解。

与米勒建立良好的关系绝非易事，因为目前我是应该作为罗尔斯顿的代理人向项目负责人施加更大的压力，还是应该作为米勒的协助者帮助他解决问题,这一点尚未明确。访谈进行了一个半小时,期间我竭尽全力提供了一些有效的干预措施,我希望传达出这样的信息:我的职责绝不仅仅局限于推动实施罗尔斯顿的项目,我还希望能够协助他解决问题。我详细询问了项目的情况,重申了我与咨询公司高级顾问沟通的内容和自下而上的反馈形式。米勒十分赞同这个观点,表示该项目将按照这种方式推进下去。

我还说明了与其他部门经理访谈的计划,希望他能够帮忙引荐。我希望能够通过米勒获信于各部门经理,我会将各部门经理视为主要客户,维护他们的利益并协助他们处理与罗尔斯顿的关系。我明确指出,罗尔斯顿过往有可能向他们提出了过多的要求,而我的职责就是协调处理以让双方都能够受益。此外,我还向米勒保证,我与任何部门经理的沟通内容都是严格保密的。

访谈各部门经理。在随后的一个月中,我约见了三分之二的部门经理。罗尔斯顿和他的助理为我制定了访谈计划。访谈地点设在罗尔斯顿办公室旁边的会议室。老实说,这个安排并不理想,因为这让我看起来更像是罗尔斯顿的代言人,但各部门经理的办公室极其分散,我也只能退而求其次地接受。

访谈的内容是工作岗位再设计。每次访谈中,我都会结合实际情况和反馈内容进行沟通，并请他们谈一谈参与到这个项目以及其他项目的感受。我表达了对他们负担过重的关注，并鼓励大家说出自己的想法。我所关注的重点应该是主要任务（工作岗位再设计项目）和任务进程，而关于感受和其他的相关信息应该是客户自发给出的。

在这轮访谈中，各部门经理的反应截然不同。一些部门经理强烈谴责罗尔斯顿严重压榨他们，且吝惜奖励，从而制造了压力和紧张气氛；而另一些部门经理则表示，这正是他们希望的工作节奏，那些"能力不足"的部门经理就应该更加努力工作或是被撤职。大部分部门经理都同意进行岗位再设计，但因为部门差异巨大，实施起来颇为不易。

大家一致认为我应该参与到项目组中，并继续协助罗尔斯顿拓宽视野。虽然我尚未完成对所有部门经理的访谈，但米勒和我决定应该让我参加一个月后的部门经理例会。因为在这次会议上咨询公司的顾问将汇报岗位再设计项目的详细实施计划。

部门经理会议。米勒和咨询公司的一位高级顾问组织和策划了此次会议，我作为过程咨询顾问参加了此次会议，尽我所能提供帮助。在会议开始时，我详细介绍了自己的职责，以便那些与我素未谋面的部门经理对我的工作有准确的定位。由于罗尔斯顿并没有参加会议，所以此次会议给我提供了一个与所有部门经理见面并直接合作的机会。

在听取他们的讨论时,这些部门经理给我留下的印象是:上进心强、聪明、精力充沛、致力于实现组织目标;他们善于表达、意志坚定、敢于提出建设性意见。虽然他们并不是正式的团队,但他们稍加训练就可以成为真正精诚合作的队伍,而这正是罗尔斯顿的目标之一。因此,我的大部分干预措施旨在帮助他们相互理解,消除分歧。咨询公司的顾问和我提出了几种解决冲突的备用方案,确保此次会议能够形成一些明确的决议。我们计划将打造团队也作为一个目标,由部门经理们共担,但我们并未公之于众。

最终,会议形成了两个决议:(1)盘点每个部门的现有人员,以规划每位员工和管理者未来的职责;(2)为新系统中的员工整体规划岗位职责、职业发展和激励政策。在这种条件下,不仅员工的角色发生了变化,管理者也不再是严厉的老板,而是要更多地扮演团队领袖和顾问的角色。这需要为新系统中的员工和管理者建立一个培训项目。

因为罗尔斯顿希望压缩监管层,而目前某些部门人员冗余,某些部门人员不足,因此需要设置一个协调计划,以实现人力资源在事业部内的优化配置,而不是简单裁员。但难点在于每一个部门的准备情况都完全不同,有些部门已经完成了人员优化,有些则因为某些其他问题在几个月内都无法启动人员优化。

我指出了进度超前的部门经理可以通过分享经验帮助那些进度滞后的项目组成员。原本各部门经理认为彼此是独立的甚至是竞争的关系,因此分享问题并利用会议"互帮互助"的理念极大地提升了团队的凝聚力。某位成员陈述问题之后,我会询问大家是否遇到过类似问题。团队成员互相提供帮助的这种方式大大消除了大家的紧张感,而我更是通过指出这一点实现了正向强化。

最终,团队一致认为应该每个月召集一次项目会议,并邀请我持续参会,继续加强团队建设。

作为客户的米勒和其他部门经理。在我与这个项目团队合作期间,罗尔斯顿因为被借调担任公司其他要务,长时间调离了该事业部,他指定米勒为代理总经理。因为他忙于其他事务,我与他的会面越来越少。但我和米勒与部门经理们会面之后,我都会给他发送简报将情况通报给他。

在组织和策划部门经理会议的过程中,米勒越来越倚重我的帮助。咨询公司完成了它的任务,部门经理团队中的个人或小组承担起了项目反馈、培训计划制定、人员编制盘点和工作岗位重新设计等工作。此时,米勒以及所有部门经理团队都成了我的主要客户,而罗尔斯顿的影响已经渐渐消失,但项目的有序推进显然也得到了他的认可。

当部门经理或团队提到与罗尔斯顿相处的问题时，我扮演了调解者的角色。我向他们说明了罗尔斯顿的期望，并请他们就如何更有效地与罗尔斯顿沟通发表自己的看法。有些部门经理显然因罗尔斯顿的管理风格感到受挫，需要我的帮助来找到与其相处的办法。

与此同时，当我看到该小组正有效地开展工作，因此在和罗尔斯顿会面时，我越来越有把握向他保证，他应该给予下属更多的信任，他只需要监督那些他认为有效的指标即可，但在引进新项目的步伐方面应该放缓一些。罗尔斯顿也意识到了这一点，因为他在本事业部花费的时间很少，但团队在没有他日常投入的情况下保持了很好的表现。双方的信心都与日俱增。

在与罗尔斯顿的关系中，我更多扮演了减压者、焦虑吸收者和催化剂的角色。我会消除他的焦虑，也针对他如何处理自身事务给予建议。但所有这些干预都是从过程咨询视角给出的，最终是为了使罗尔斯顿自己找到有效解决方案。

零缺陷项目。罗尔斯顿总是能够跟上管理理念的新潮流，这是他的一个优势，他十分热衷于阅读和参与研讨会。由于部门对于质量的要求很高，罗尔斯顿一直在寻找一种有效的质量管控流程，直至他发现了克罗斯比（Crosby）所倡导的零缺陷项目。他参加了新书发布会，对零缺陷概念十分认同，于是订购了一些书，要求事业部所有部门经理都参与学习该课程，进而希望将该项目引进公司。

但问题在于，罗尔斯顿单方面制定了全部决策，而且此时正值岗位再设计项目刚刚步入正轨。我对此也一无所知，直至他通知所有部门经理参与研讨会并开始新项目时，我才得知他的想法。

在我看来，这样的决策无疑会让所有的部门经理怒火中烧、沮丧不安，即使这个项目意义重大，他们也可能会消极怠工。因此，我需要从理论和实践上将岗位再设计、组织重构和零缺陷项目结合起来。虽然看起来两个主要客户的需求截然相反，但我仍需要找到对双方都有利的解决途径。

其中，结构性的问题非常突出：因为执行委员会已经成立了质量小组，因此绝不允许新建类似的特别项目组。因此米勒和我花费了大量时间思考如何将这个小组的工作融合重组到项目组中。与此同时，我极力说服罗尔斯顿整合这两个项目，至少能够让部门经理自行考虑如何将两个项目整合后向基层员工介绍。罗尔斯顿接受了我的建议，这是他管理风格的一大改变。部门经理也发现他们拥有了更大的影响力。虽然罗尔斯顿依然是一位强势的领导者，但他现在能够听取下属的建议。

数月后，罗尔斯顿再次希望引入一个高难度的预算削减项目，新的平衡受到了挑战。当罗尔斯顿想手把手地展示给部门经理时，我直言不讳地提出了反对意见，我建议对部门经理提出目标，但让他们独立解决这个问题。他同意了。事实证明这个做法是正确的，在随后的部门经理会议上，很明显部门经理对于提出目标没有太大异议，但如果按照罗尔斯顿的耳提面命方式，他们随时可能"造反"。双方都在过程中学习了如何改变风格以及相互影响。

对幕僚长的雇用和解聘。在这些项目的推进过程中，也出现了一些问题。而这些问题正涉及顾问在应对多客户目标时所面临的道德问题：罗尔斯顿希望将他的助理轮岗到生产制造部门，工作一年时间以增加其对生产线运营的了解。借此机会，他希望招募一位更资深的助理——对公司的运作更加了解，当他出差时能够顶替他的工作，处理好邮件和审批流程，从而减轻罗尔斯顿的工作，真正成为他的"幕僚长"。

人事经理瑞安推荐了候选人马丁斯（Martins），罗尔斯顿面试他之后，认为他很有潜力，但他希望我也能参与其中——通过我向马丁斯介绍他自己及其管理风格，并反馈我对马丁斯的评价，同时测试马丁斯是否能与他共事。马丁斯到麻省理工学院拜访了我，我们花三个小时详细讨论了这个职位的潜在收益和风险。

马丁斯坦承对这个岗位有所顾虑，但他认为，如果他竭尽所能，在我的帮助下能够胜任这个岗位。这对他自身的发展非常有利，另外也可以真正帮助罗尔斯顿减轻负担。我将沟通的情况反馈给了罗尔斯顿，并再次提醒马丁斯可能的风险，即罗尔斯顿喜欢事必躬亲地管理，可能没有足够的空间能让类似"幕僚长"的职位一展拳脚，但总的来说，值得一试。

罗尔斯顿和马丁斯赋予我的角色让我在艾伦金融服务公司的工作有了不同寻常的意义。当我面试马丁斯时，罗尔斯顿显然将我视为专家，希望我给他提供专业意见。同时，他希望我坦诚地将他的风格传递给马丁斯，并测试马丁斯对类似风格的适应程度。

而对于马丁斯来说，他也将我视为专家，他希望从我这里获悉罗尔斯顿对这个岗位的工作要求，以及罗尔斯顿真实的为人处世风格。因此，当两人的关系出现恶化时，我不仅需要继续扮演此前的专家角色，而且增加了调解者的身份——维系两人正常关系的平衡。

仅仅几周，罗尔斯顿就开始对马丁斯感到不满意（这主要是由于他的个人风格）——"马丁斯不够整洁""在项目进度方面没有有效跟进""在没有咨询上级时就做出了决策"（马丁斯的岗位职责要求他这么做，但罗尔斯顿对马丁斯的"判断"感到不满，即决策和请示的尺度）。

更糟糕的是，罗尔斯顿并没有表达出他的不满，也可能是马丁斯没有接收到反馈。因为在一个月后我与马丁斯碰面时，他告诉我一切进展顺利，两个人相处得非常融洽。我发现自己背负了一项很微妙的任务，在不直接告知罗尔斯顿对他感到不满的情况下，我需要让马丁斯对自己的风格进行审视和调整，与此同时，我还要竭力敦促罗尔斯顿更加开放和直接地表达出对马丁斯的不认可。显然，我已经成了两者之间的调解员，而且我自己也很困惑，如何在不伤及脸面的情况下，让双方都有所知悉。

又过了一个月，当我造访罗尔斯顿时，发现情况进一步恶化了。罗尔斯顿对于马丁斯的杂乱无章、判断失误快要愤怒到极点了。马丁斯没有跟进罗尔斯顿认为非常重要的项目，在需要请示的问题上又擅作主张。罗尔斯顿声称他已经向马丁斯提供了明确的反馈，但我和马丁斯沟通时，他表示只有一些"小问题"，基本一切安好。

因此，我又多了一项艰巨的任务，即需要让马丁斯意识到他不能胜任，但又不能太打击他的自尊心。或者说，我已经成了罗尔斯顿的直接代言人，帮助他收拾不断恶化的"烂摊子"。如果我直接转述罗尔斯顿的评价，马丁斯必将恼羞成怒，从而否认一切。同时，我不得不再次敦促罗尔斯顿，让他更加明确和肯定地表达自身感受。

经过两个月的交涉，马丁斯终于意识到自己不能胜任这份工作，并开始考虑退路。他希望罗尔斯顿在更换工作方面能够给予一些帮助，罗尔斯顿满足了他的要求。于是几个月后，马丁斯找到了一份合适的新工作。在这几个月中，我与马丁斯又进行了几次会面，主要是帮助他挽回脸面和保持自尊心。我强调了两人在风格方面的不匹配，也列举了一些罗尔斯顿成功和失败的用人案例。罗尔斯顿单纯地认为马丁斯缺乏能力。而在我看来，马丁斯当然有一些才能，只是不匹配这个特定岗位的要求。

在马丁斯离任之后，罗尔斯顿又找到了一位新的助理，她曾经在公司其他部门工作，与罗尔斯顿的性格更加匹配。我也不时与她交流，主要是向她灌输罗尔斯顿的行事风格。这样她面对罗尔斯顿极度关注细节和高标准时就不会感到意外和沮丧。

经验教训。当我再次审视这个案例时，我发现顾问的道德问题在这个案例中主要与分享的程度有关。我是否应该尽早直接告知马丁斯不胜任，而不是帮他保护脸面？我是否应该直接告知罗尔斯顿，马丁斯对他的反馈评价一无所知？又或者我应该尽早促成两人产生直接的对抗，顺其自然发展？回顾结果，我认为最好的方式还是低调行事，用过程咨询的方式敦促每个人对自己的问题进行积极反思和改进。至于我基于所掌握的信息，转换成医生角色会不会让结局更好一些，这一点无从得知。

艾伦金融服务公司的案例说明了顾问和管理者扮演协助者角色的复杂性。我的主要客户罗尔斯顿在很多方面都是值得称道、卓有成效的成功典范。但同时他也被工作所累，持续承担压力，并经常让他的下属备受打击。如果他更多地扮演过程咨询顾问的角色，而不是扮演医生、专家和父母角色的话，他将取得更大的成就。因此我为自己设定的主要目标就是帮助他了解自己的管理风格，同时帮助他学习一些新的概念并有效提升管理行为。他追求卓越目标没有错，但他的实施方式导致他遇到了一些挑战。

有证据证明，我的努力收到了一定成效，他更加愿意授权下属。当他调离该事业部时，他授权米勒暂时代理总经理职位；他也更能听取别人的观点，在吸取他人意见之后，他改变了行事风格。

在岗位重新设计和组织架构调整项目中，我设定了两个不同的主要客户。我与米勒进行了系统合作，与他一起规划和设计了部门经理会议。我们还一同讨论了如何帮助罗尔斯顿实现自己的目标，同时能够让部门经理也获得成功。米勒是代理部门负责人，他并没有获得正式任命，因为罗尔斯顿希望在执行其他事务时保留事业部总经理的职位。而在过去的一年中，相比罗尔斯顿，我将更多时间花费在和米勒的合作上。在未来，罗尔斯顿可能重新投入到组织架构调整项目中，这势必将加快项目进程，但也很可能加剧他和部门经理之间的紧张关系。

部门经理群体也成了我的主要客户。我参加了很多会议，尤其是组织架构调整项目的相关会议，但我随之也介入了其他部门的任务过程，就如何更好地打造团队，包括如何与罗尔斯顿更好地相处以及如何处理部门内的其他问题，我向部门经理提供了咨询帮助。通过这些联系，我的客户群体也在不断扩大，最终拓展到了整个组织。近期，我访谈了部门经理下一层级的管理者，发现了很多关于岗位再设计的建议需要纳入项目中进行修正。

我还应两位部门经理的要求，访谈了基层主管和文员，对他们所在部门的业务和人员工作有了更深入的了解。我不仅获得了项目推进所需的信息，还通过与这些人员建立联系，创造了进一步沟通交流的机会。换句话说，在每次访谈中我的战略/战术目标都能起到帮助作用，而并非单纯的诊断。

总而言之，这是一个典型的从单一客户向多客户发展的案例。在此期间，我根据需要不定期地扮演专家角色，给予建议或正面推动议程；我还扮演了中间人和协调者的角色，持续不断地了解更多正在发生的事情；我还通过了解该组织的文化，明确如何更好地提供帮助。

结　语

顾问和管理者面临着形形色色的协助环境和客户问题。在本章中，我展示了协助过程的复杂性，并提供了一些简化模型来帮助协助者在纷繁复杂的关系中找到思考的方式。主要结论如下：

（1）协助者需要时刻认知自己要扮演的角色（专家、医生、过程咨询顾问），并评估每种角色的利弊。

（2）需要从性格和技能角度来判断协助者能否胜任过程咨询顾问角色，因为过程咨询顾问是极其复杂的协助关系下最适合的角色。

（3）采用过程咨询模型最不容易搞砸与客户的关系，因为主动权始终掌握在客户手中。

（4）协助者必须时时刻刻了解联系客户、中间客户、主要客户和最终客户是谁，并特别关注主要客户和最终客户的需求。

（5）在组织环境中，最佳的干预焦点是任务过程，因为任务过程与组织的文化假设和既定目标最为一致。

（6）过程咨询本质上是一门哲学，或者说是如何为人力系统提供帮助的理念和视角，而不是一门技术或一种干预风格。在不同类型的组织环境和咨询过程的各个阶段，顾问扮演的角色大不相同，咨询方法也千差万别。但过程咨询的理念适用于所有角色和环境，在我看来这是确保产生最大帮助效果的最佳途径。

Authorized translation from the English language edition, entitled Process Consultation, Volume II: Lessons for Managers and Consultants, 9780201067446 by Edgar H. Schein, published by Pearson Education, Inc., Copyright © 1987 by Addison-Wesley Publishing Company, Inc.

All rights reserved. No part of this book may be reproduced or transmitted in any form or by any means, electronic or mechanical, including photocopying, recording or by any information storage retrieval system, without permission from Pearson Education, Inc.

CHINESE SIMPLIFIED language edition published by CHINA RENMIN UNIVERSITY PRESS CO., LTD., Copyright © 2022.

本书中文简体字版由培生教育出版公司授权中国人民大学出版社出版，未经出版者书面许可，不得以任何形式复制或抄袭本书的任何部分。

本书封面贴有 Pearson Education（培生教育出版集团）激光防伪标签。无标签者不得销售。

图书在版编目（CIP）数据

过程咨询. Ⅱ，顾问与管理者的必修课 /（美）埃德加·沙因著；葛嘉，吴景辉译. -- 北京：中国人民大学出版社，2022.1

ISBN 978-7-300-29645-6

Ⅰ. ①过… Ⅱ. ①埃… ②葛… ③吴… Ⅲ. ①咨询服务 Ⅳ. ①C932.6

中国版本图书馆 CIP 数据核字（2021）第 161089 号

过程咨询Ⅱ：顾问与管理者的必修课
［美］埃德加·沙因　著
葛嘉　吴景辉　译
Guocheng Zixun Ⅱ: Guwen yu Guanlizhe de Bixiuke

出版发行	中国人民大学出版社		
社　　址	北京中关村大街31号	邮政编码	100080
电　　话	010-62511242（总编室）		010-62511770（质管部）
	010-82501766（邮购部）		010-62514148（门市部）
	010-62515195（发行公司）		010-62515275（盗版举报）
网　　址	http://www.crup.com.cn		
经　　销	新华书店		
印　　刷	北京联兴盛业印刷股份有限公司		
规　　格	160 mm×230 mm　16开本	版　次	2022年1月第1版
印　　张	16.25 插页2	印　次	2024年3月第3次印刷
字　　数	141 000	定　价	69.00元

版权所有　侵权必究　印装差错　负责调换